Leo Challandes

Das Prinzip der Minoritätenvertretung und die Proportionalwahl

Leo Challandes

Das Prinzip der Minoritätenvertretung und die Proportionalwahl

ISBN/EAN: 9783744709095

Hergestellt in Europa, USA, Kanada, Australien, Japan

Cover: Foto ©ninafisch / pixelio.de

Weitere Bücher finden Sie auf **www.hansebooks.com**

DAS PRINZIP

DER

MINORITÄTENVERTRETUNG

UND DIE

Proportionalwahl

VON

LEO CHALLANDES.

ST. PETERSBURG.

Buchdruckerei von TRENKE & FÜSNOT, Maximilianowsky Pereulok, № 13.

1894.

LITTERATUR-ANGABE.

Bluntschli. Allgemeines Staatsrecht. 6 Auflage.

»   Politik als Wissenschaft (1876).

»   Allgemeine Staatslehre. 6 Auflage.

»   Artikel «Wahlrecht» in dem Staatswörterbuch B. X.

»   Artikel in der Zeitschrift für badische Verwaltung. B. I. 1869, S. 101 ff.

Naville. Die Wahlreform in Europa und Amerika, 1868.

»   La réforme électorale, 1871.

»   Rapports présentés à l'Association réformiste de Genève.

Hare. A Treatise on the election of representatives, parliamentary and municipal, 1859.

J. St. Mill. Betrachtungen über Repraesentativ-Regierung (deutsch von E. Wessel), 1873.

Rosin. Minoritätenvertretung und Proportionalwahlen, 1892.

Bernatzik. Artikel in Schmoller's Jahrbüchern für Gesetzgebung u. s. w., 1893. Heft № 2.

Ed. Kern. Über die Aeusserung des Volkswillens in der Demokratie, 1893.

Aubry-Vitet. Le suffrage universel dans l'avenir. Revue des Deux-Mondes, 1870. S. 375 ff.

Hagenbach-Bischoff. Die Frage der Einführung einer Proportionalvertretung statt des absoluten Mehres, 1888.

Hagenbach-Bischoff. Zur Wahlreform, 1891.

       Die Anwendung der Proportionalvertretung bei den Schweizerischen Nationalratswahlen, 1892.

Hagenbach-Bischoff, Studer u. R. Pictet. Berechtigung und Ausführbarkeit der proportionalen Vertretung, 1884.

1*

V. D'Hondt. Système pratique et raisonné de représentation proportionnelle, 1882.

J. Oerl. Die Proportionalvertretung als Consequenz der Demokratie.

V. Considérant. De la sincérité du gouvernement représentatif, 1846, neu gedruckt in Zürich, 1892.

Bulletins des Schweiz. Wahlreform-Vereins für proportionale Vertretung.

La représentation proportionnelle. Études publiées sous les auspices de la Société pour l'étude de la représentation proport. Paris, 1888.

Bericht der Grossratskommission über das Initiativbegehren betreffend Einführung der Proportionalvertretung bei den Wahlen in den Grossen Rat. Basel, 1890.

Die proport. Vertretung bei den Basler Synodalwahlen, 1882.

La Représentation proportionnelle. Revue mensuelle. Bruxelles (Ausgewählte N. N.).

Zahlreiche Artikel in der «Zukunft».

Goos und Hansen. Dänisches Staatsrecht ⎫
Torres-Campos. Spanisches » ⎪ In Mar-
Tavares de Medeiro. Portugiesisches » ⎬ quardsen's Handbuch des öffentlichen Rechts.
Brusa. Italienisches » ⎪
v. Holst. Nord-Amerikanisches » ⎭

Korkunoff. (Russisches Staatsrecht) Russkoe gossudarstwennoe Pravo, 1892.

v. Melle. Hamburgisches Staatsrecht.

Ritzhaupt. Zur Frage der Wahlreform, in der Zeitschrift für badische Verwaltung. B. I, 1869. S. 157.

Marxen. Das deutsche Wahlsystem, 1882.

von Eötvös. Der Einfluss der herrschenden Ideen des XIX Jahrhunderts auf den Staat. B. I, II, 1851.

G. Meyer. Lehrbuch des deutschen Staatsrechts, 1891.

Biedermann. Les systèmes représentatifs, 1874.

A. de Tocqueville. De la démocratie en Amérique. B. I, II, 1835.

R. von Mohl. Encyclopädie der Staatswissenschaften, 1859.

Wachsmuth. Geschichte der politischen Parteiungen, B. I, 1853.

Lorenz Stein. Geschichte der socialen Bewegungen in Frankreich. B. I. 1850.

Das Prinzip der Minoritätenvertretung und die Proportionalwahl.

EINLEITUNG.

Eine der Fragen, welche die Politiker und die Parteimänner heutzutage am meisten beschäftigt, ist ohne Zweifel die Wahlfrage in jeder Hinsicht. Die Uebel, welche in Folge des in allen civilisierten Ländern geltenden Systems entstanden sind — eines Systems, welches darin besteht, dass die Wahlkörper aus den Gewählten der Majorität gebildet sind — haben eine herbe Kritik hervorgerufen und bewirkt, dass man nach einem Wahlmodus gesucht hat, welcher mehr dem Zwecke und dem inneren Wesen der Repräsentation entspräche. Es sind Stimmen laut geworden, welche die Vertretung der Minorität resp. der Minoritäten, ebenso wie die der Majorität gefordert haben. Die ersten Spuren dieses Gedankens zeigen sich schon in dem Wahlreformvorschlage, den 1780 der Herzog von Richmond dem englischen Parlamente unterbreitete. Im Jahre 1793 vertraten vor dem französischen Konvente die Idee der Proportionalwahlen Condorcet und St. Just [1]).

---

[1]) *Naville:* «Les progrès de la représentation proportionnelle» in der Revue: «La représentation proportionelle» (Bruxelles). 1884, S. 222, 223.

Die erste, mehr oder weniger wissenschaftliche Schrift gehört der Feder Considérants an, der 1846 eine Broschüre unter dem Titel «Von der. wahren Volksvertretung» veröffentlichte [1]). In diesem «Briefe» machte er dem Genfer Staatsrate den Vorschlag, die Proportionalvertretung einzuführen. Diesen Vorschlag fand man damals noch einfach lächerlich. Doch bald änderte sich die Sache. 20 Jahre waren noch nicht verflossen, als schon alle Staaten mehr oder weniger den Einfluss dieser Ideen empfunden hatten. In England, Dänemark, Spanien, Portugal und der Schweiz wurde die Frage der Minoritätenvertretung seit den Jahren 1855—60 u. ff. Gegenstand von parlamentarischen Debatten und Anträgen. Fast in allen Ländern [2]) haben sich Vereine gebildet zur Propaganda dieser Ideen; 1869 in Neuenburg, 1885 in Antwerpen tagten Proportionalitätskongresse. Später werden wir die Geschichte dieser Bewegungen näher erörtern, hier beschränken wir uns damit, um darauf hinzuzuweisen, dass wir es offenbar mit einer der charakteristischesten Erscheinungen der neueren Zeit zu thun haben — einer Erscheinung, die ein ernstes Studium und eine eingehende Erörterung fordert.

ERSTES KAPITEL.

Die Mängel des gegenwärtigen Systems.

§ 1. Betrachten wir nun zuerst, worin die Mängeln des alten Majoritätenprinzips in den Augen der Proportionalisten bestehen. Man wirft ihm unendlich viel vor, und jeder Schriftsteller findet an

[1]) De la sincérité du gouvernement représentatif ou exposition de l'élection véridique. — Lettre adressée à M. M. les membres du Grand Conseil constituant de l'État de Genève, 1846 (1892).

[2]) Uns sind folgende Vereine bekannt: V. in London (1867): The representation reform association. V. in New-York (1867): The personal reform society. V. in Chicago (1868), Rom (1872), Prag (1876), Paris (1883), Genf (1865), Neuenburg (1875), Zürich (1868), Bern, Freiburg, Basel (Seit 1876 besteht ein allgemeiner schweiz. Verein, so dass die lokalen Vereine die Rolle von Sektionen desselben spielen), Brüssel, Gent.

ihm einen neuen Fehler; an deklamatorischen Phrasen fehlt es auch nicht: so spricht man von dem Despotismus der Majorität, der dem Volke Stein statt Brod giebt, seine natürlichen Rechte zu Scheinrechten macht u. s. w. [1]). Die wissenschaftlichen Argumente lassen sich folgender Weise resümieren:

1°. Der erste Fehler des Majoritätssystems besteht darin, dass es nicht seinem Zwecke entspricht. Nehmen wir z. B. an, dass auf 10,000,000 Wähler 3,000,000 ihr Wahlrecht nicht ausgeübt haben, dass 500,000 Wahlzettel verloren gegangen, 200,000 ungiltig befunden sind, so genügt es, dass, damit die Kandidaten gewählt werden, sie 3,150,001 Stimmen, d. h. ungefähr $^1/_3$ der Totalsumme der Wähler erhalten. Wir sind von der absoluten Majorität weit entfernt, d. h. von den 5,000,001 Stimmen, welche die Theorie verlangt, und die so gewählte Kammer wird in Wirklichkeit blos die Minorität der Stimmen hinter sich haben. Gehen wir noch weiter. $^3/_4$ der eingeschriebenen Wähler haben an der Abstimmung Teil genommen; die Abgeordneten sind von $^3/_4$ der anwesenden Wähler gewählt worden, d. h. von den $^9/_{16}$ der Gesammtsumme. Nehmen wir jetzt an, dass die so gewählte Kammer einen Beschluss fasst unter $^3/_4$ Majorität, — so wird dieser Beschluss doch immer nur den Ausdruck des Willens von $^{27}/_{64}$ der Gesammtsumme der Wähler darstellen, d. h. von weniger als die Hälfte [$^3/_4 \times ^3/_4 = ^9/_{16}$; $^9/_{16} \times ^3/_4 = ^{27}/_{64} < ^1/_2$]. Wie uns diese Beispiele zeigen, hat das gegenwärtige System meist zur Folge, eine fiktive Majorität zu bilden. Um dies Uebel zu vermeiden, teilt man gewöhnlich das Land in Wahldistrikte ein, von denen ein jedes einen oder mehrere Abgeordnete erwählt.

In diesem Falle haben wir es nicht mit einer Majorität zu thun, sondern mit verschiedenen Lokalmajoritäten, die ihrer Zusammensetzung nach variieren können. Aber auch hier ist das Endresultat einfach eine Sache des Zufalls, wie es das folgende Beispiel [2]) beweist:

---

[1]) S. z. B. *Lübeck*, die Proportionalvertretung, in der «Zukunft» 1877. S. 145 ff.

[2]) *Rosin*, Minoritätenvertretung u. Proportionalwahlen, 1892. S. 39.

I. Teilung.

	Partei A.		Partei B.	Abgeordnete.	
				A.	B.
	3005	>	1995	1	0
	2645	>	2355	1	0
Wahlkreise.	3238	>	1765	1	0
	2509	>	2491	1	0
	2603	>	2394	1	0
	T 14000	>	T 11000	5	0

II. Teilung.

	Partei A.		Partei B.	Abgeordnete.	
				A.	B.
	2378	<	2622	0	1
	2352	<	2648	0	1
Wahlkreise.	2428	<	2573	0	1
	2271	<	2729	0	1
	4571	>	428	1	0
	T 14000	>	T 11000	1	4

Wie wir sehen, ist es auch hier sehr gut möglich, dass einer Majorität der Wähler eine Minorität der Abgeordneten entsprechen kann.

§ 2. Diese Argumentation hat aber mehr eine praktische als theoretische Bedeutung, sie fasst eigentlich nur den Mechanismus der gegenwärtigen Abstimmungsart ins Auge; wenden wir uns jetzt zu den Argumenten, die das System in seiner Basis angreifen.

2⁰. Das gegenwärtige System ist ungerecht, weil es einen Teil der Wähler ohne Vertreter lässt [1]).

Wenn in einem Wahlkollegium mit 35,000 Wählern, die Abgeordneten von 17,501 Wählern gewählt sind, so bleiben 17,499 ohne Vertreter.

---

[1]) *Bluntschli.* Politik als Wissenschaft. S. 139. *Naville*, die Wahlreform. S. 2. *Aubry-Vitet* in der Revue des deux Mondes 1870. S. 370.

Nehmen wir nun in Betracht, dass die Wahlkörper die Repräsentation des ganzen Landes sein sollen, können wir da sagen, dass eine aus solchen Vertretern bestehende Kammer diese Bedingungen erfülle?[1] «Die reine Idee der Demokratie, sagt *J. Stuart Mill*, besteht in der Regierung des ganzen Volkes, durch das ganze, gleichmässig vertretene Volk. Die Demokratie aber, wie sie gewöhnlich aufgefasst und bis jetzt praktisch durchgeführt zu werden pflegt, besteht in der Regierung des ganzen Volkes durch eine blos ausschliesslich vertretene Majorität» [2].

3°. Die jetzige Wahlart verletzt den öffentlichen Frieden und begünstigt das Parteitreiben.

Jede Wahl ist ein Kampf und in diesem Kampf *muss* einer von den Gegnern — die numerisch schwächste (gewöhnlich, aber nicht bedingungslos) Partei — gänzlich vernichtet und zerstört werden.

4°. Das jetzige System erniedrigt das intellektuelle Niveau der Wahlkörper; anstatt die Thore der Kammer talentvollen und einsichtigen Männern zu öffnen, schickt es in die Volksvertretung blos Parteimänner, die auf irgend eine Weise es verstanden haben, sich die Popularität ihrer Wähler zu erwerben.

5°. Durch das System der Wahlmajorität ist die Freiheit der Bürger verletzt. Jeder muss, damit seine Stimme nicht verloren gehe, sich einer Partei anschliessen, einer Partei, die mehr oder weniger Aussichten hat, die Majorität zu erlangen. Der Wähler, anstatt den, der ihm am meisten gefällt, zu wählen, wählt jenen, der ihm am wenigsten missfällt [3].

Dies sind die hauptsächlichsten Fehler, die man dem Majoritätssystem vorwirft. Im grossen und ganzen könnten alle diese Argumente folgendermassen zusammengefasst werden: das Majoritätssystem ist verwerflich, weil es im Widerspruche mit den Grundsätzen der Repräsentation steht.

---

[1] *von Eötvös.* Einfluss der herrschenden Ideen. B. I. S. 187.
[2] *J. S. Mill.* S. 95.
[3] *Aubry-Vitet* loc. cit. Ausserdem Resolutionen der Konferenz in Antwerpen: 1°. «Le système de la majorité absolue viole la liberté de l'électeur, provoque la fraude et la corruption et peut donner la majorité de la représentation à la minorité du corps électoral».

§ 3. Später werden wir diesen Gedanken eingehender erörtern, jetzt begnügen wir uns zu konstatieren, dass im Sinne der
Proportionalisten eine neue Aera sich bald eröffnen wird, eine
Aera, welche in der Weltgeschichte als eine historische Notwen-
digkeit erscheint, welche dem Zwecke selbst der Volksvertretung
entstammt. Es sei die dritte und letzte Phase der Entwickelung
des Repräsentativ-Systems; die erste sei die Vertretung der
Stände, die zweite die der Individuen; die dritte beginne in dem
Augenblicke, wo man merkte, dass das centrum gravitatis des
Repräsentationsmechanismus in den freiwilligen Gruppirungen der
Bürger, welche demselben Gedankengange folgen, liege [1]); dann
mache das Prinzip der Majorität dem Prinzipe der Proportionalität Platz, dem einzig billigen und gerechten im Sinne der modernen Menschheit. Wenn das alte System noch in Kraft bleibe,
so sei dies die Folge des «esprit de routine» und der Vorurteile,
welche die gegenwärtige Gesellschaft charakterisieren.

ZWEITES KAPITEL.
Die vorgeschlagenen Systeme.

§ 1. Sehen wir uns jetzt die Vorschläge zur Heilung dieser
Krankheit der modernen Demokratie genauer an.

Sagen wir von vornherein, dass die Zahl dieser Heilmittel
Legion ist; wir glauben nicht zu übertreiben, wenn wir sagen,
dass jährlich zwei neue Systeme auf's Tapet gebracht werden.
Deswegen werden wir uns hier blos die Typen der Systeme ansehen, sonst müssten wir in zu viel Einzelheiten eingehen, welche
für die principielle und wissenschaftliche Seite der Frage wenig
Wert haben würden.

Die vorgeschlagenen Systeme zerfallen in zwei grosse Gruppen: die erste geht von den praktischen Mängeln der jetzigen
Wahlart aus und sucht sie zu mildern; die zweite steigt zu den

---

[1]) *M. Vernes* in: La représentation proportionnelle. Études publiées sous
les auspices de la société pour l'étude de la repr. propr. Paris 1888. S. 17.

Prinzipien selbst hinauf und strebt darnach, sie durch andere zu ersetzen, welche mehr der Idee der Repräsentation entsprächen. Die ersten Systeme sind Palliativmittel, die zweiten Radikalmittel.

§ 2. *I. A.*) System der *beschränkten Stimmgebung* (Système du vote limité)[1]).

Es nimmt das Listenskrutinium an und besteht darin, dass jeder Wähler auf seinem Wahlzettel blos eine bestimmte Zahl von Namen aufschreibt, eine Zahl, die kleiner ist als die Gesammtsumme der zu wählenden Abgeordneten. So z. B., wenn 6 Kandidaten zu wählen sind, wird man blos 4 Namen aufschreiben, gibt es 3 — blos 2 u. s. w.

Es ist klar: unter solchen Umständen wird die Minorität immer eine bestimmte Zahl von Mandaten erlangen — im ersten Beispiele 2, im zweiten 1. Allerdings hat sie nur alle ihre Stimmen auf diese Kandidaten zu kumuliren, und sie werden gewählt werden, ohne eine absolute Majorität erreicht zu haben.

Diese äusserlich so einfache Methode bessert jedoch das alte System nur bis zu gewissem Grade. Es wird nämlich in vielen Fällen die Majorität durch geschickte Manöver eine grössere Anzahl von Kandidaten durchzubringen verstehen, als die Zahl, welche ihrer numerischen Stärke entspräche —, ja sie wird sogar alle ihre Kandidaten durchbringen können; z. B. 60 Wähler in zwei Parteien zu 40 und 20 geteilt, sollen 12 Vertreter wählen; jeder soll aber sein Votum blos für 8 abgeben, so dass 4 Sitze für die Minorität bestimmt sind. Es wählen:

15 Wähler für	*A. B. C. D. E. F. G. H.*	
15 »	» *E. F. G. H. J. K. L. M.*	Majorität
10 »	» *A. B. C. D. J. K. L. M.*	
40		
20 »	» *O. P. Q. R. S. T. U. V.*	Minorität
20		

Gewählt sind: *E. F. G. H.* (30 Stimmen) $+$ *A. B. C. D. J. K. L. M.* (25 Stimmen).

---

[1]) Dies System wurde im Jahre 1854 von Lord *John Russel* zuerst (dem englischen Parlamente) vorgeschlagen.

. = 12 Kandidaten — alle der Majorität [1]).
So hängt also das Resultat der Wahlen häufig vom Zufall ab.
Aber das System hat ausserdem noch viele Mängel.
Erstens: der den Minoritäten angewiesene Teil ist vollständig
arbiträr; warum ¹/₃? warum nicht ¹/₄ oder ¹/₅?
In sehr kleinen Wahlkollegien, wo alles sich kennt, und wo
die Parteien ganz klar gezeichnet sind, kann das Verhältnis der
Majörität zur Minorität mehr oder weniger genau festgestellt
werden und der der Minorität angewiesene Teil relativ genau
sein, aber in grossen Staaten ist die gesetzliche Fixierung des Mi-
noritätsquantums für die Parlamentswahlen willkürlich und kann
auch nichts anderes sein.

Sie wird immer zur Folge haben, imaginäre Veranschlagungen,
Parteimanöver, massenhafte Stimmenthaltung [2]), endlich die sozu-
sagen notwendige Herstellung von Minoritäten — denn es kann
wohl vorkommen, dass das Wahlkollegium keine Minorität besitzt.
Das System setzt zu viel voraus — dass die gesetzliche Proportion auch der wahren Proportion entspricht, dass die Stimmen
sich nicht zersplittern u. s. w. Wenn eine einzige dieser Bedingungen nicht eintrifft, so funktionirt das ganze Räderwerk nicht
mehr [3]).

§ 3. *B)* Dieselben Argumente können auch gegen das zweite
System der *Stimmenhäufung* (s. du vote cumulé) vorgebracht
werden. Jeder Wähler besitzt so viel Stimmen, als Abgeordnete
in seinem Wahlkreis zu wählen sind und er kann sie alle auf
einen Kandidaten vereinigen [4]). Z. B.: 60 Wähler wählen 3 Abgeordnete: die Kandidaten der Liberalen *A. B. C.* erhalten je
40 Stimmen, die Konservativen wählen 20 Mal *D. D. D.* Ge-

---

[1]) Das Beispiel ist aus *Vernes* «Études» S. 40 Note 1 entnommen.
[2]) Das hat auch die Praxis bewiesen, cf. die Debatten in dem englischen
Parlament.
[3]) Alle neuen Proportionslisten sind damit einverstanden, cf. *Vernes*, a. a.
0. S. 40. *Hagenbach-Bischof, Studer* u. *R. Pictet*, Berechtigung u. Ausführbarkeit der proportionalen Vertretung bei unseren politischen Wahlen. 1884.
S. 7, u. s. w.
[4]) Das System wurde im Jahre 1853 von *S. Garth-Marschall* vorgeschlagen.

wählt werden: der Kandidat der Minderheit mit 60 Stimmen (*D*.) und zwei Kandidaten der Mehrheit (*A*. *B*.) mit je 40 Stimmen. Aber um ein solches Resultat zu bekommen, müssten erstens die verschiedenen Minoritäten resp. Majoritäten sich zu einer einzigen Minorität resp. Majorität verschmelzen, was selbstverständlich zu unnatürlichen und höchst gefährlichen Koalitionen führt. Weiter müssen diese beiden so zusammengesetzten feindlichen Gruppen ihre relative Kraft abschätzen und die Zahl ihrer Kandidaten nach dieser Veranschlagung bestimmen. Es ist klar, dass jeder Irrtum in der Berechnung, sowie jeder taktische Fehler im Wahlkampfe zu verderblichen Resultaten führen kann.

Dies beweist folgendes Beispiel: 70 Wähler sind in 40 Liberale und 30 Konservative gespalten.

Es erhalten die Liberalen *A*. *B*. *C*. 40 Stimmen; Konservative *D*. *D*. *E*. — 15 Stimmen, und *D*. *E*. *E*. auch 15 Stimmen. Gewählt sind *A*. *D*. *E*. [*D*. = 45 = *E*.; *A*. = 40 Stimmen], d. h. 2 Konservative u. 1 Liberaler[1]).

§ 4. *C*) Ein drittes System versucht die beiden Arten der Stimmenabgabe zu vereinigen.

Es wurde von den Herrn *Burnitz* und *Varrentrapp* im Jahre 1863 aufgestellt,[2]) und besteht darin, dass dem Wähler überlassen wird, die Reihenfolge der Kandidaten zu bestimmen, so dass die Stimmen für die in erster Stelle genannten voll, die Stimmen in zweiter Linie nur als halbe, in der dritten Linie als Drittel u. s. w. gezählt werden, z. B.:

	Partei A.		*Partei B.*		*Partei C.*
1. Kandidat	1500	—	900	—	600
2. „	$\dfrac{1500}{2} = 750$	—	$\dfrac{900}{2} = 450$	—	$\dfrac{600}{2} = 300$
3. „	$\dfrac{1500}{3} = 500$	—	$\dfrac{900}{3} = 300$	—	$\dfrac{600}{3} = 200$

T. 1500, 900, 750, 600, 500 u. s. w.

[1]) *Rosin*, a. a. O. S. 40. Kritik dieser Methode selbst bei Proportionalisten s. bei *Vernes*, loc. cit.
Aubry-Vitet, a. a. O. S. 378.
[2]) Methode bei jeder Art von Wahlen sowohl der Mehrheit als den Minderheiten, die ihrer Stärke entsprechende Zahl von Vertretern sichern". Frank-

Wenn drei Abgeordnete zu wählen sind, so werden es A_1. (1500 St.) B (900 St.), und A_2, (750 St.) sein, welche die Majorität erhalten haben werden.

Dass das ganze System nur eine Fiktion ist, liegt auf der Hand; mit Recht sagt *Bluntschli*[1]), dass es weder psychologisch noch mathematisch richtig ist, der Reihenfolge in der Anordnung der Namen eine so grosse Bedeutung zu geben. In den meisten Fällen hängt diese Reihenfolge vom blossen Zufalle ab.

Werfen wir einen Blick auf den Grundgedanken dieser Systeme, so sehen wir, dass wir es hier nicht mit einem Prinzipe zu thun haben, sondern nur mit einer ganz willkürlichen Gruppierung und Definierung der Begriffe Majorität und Minorität[2]). Der Idee nach müssen diese Systeme von der Proportionalvertretung unterschieden werden[3]). Diejenige bildet die zweite, oben erwähnte Gruppe.

§ 5. *II.* Die Proportionalvertretungs-Systeme gehen alle von dem Gedanken aus, dass der Repräsentativkörper eine Abbildung des Landes und seiner Elemente sein soll. Die ideale Formel wurde schon von *Considérant* gegeben[4]). Nehmen wir an, sagt er, dass 12000 Wähler in 7 Meinungsabtheilungen zerfallen, und dass 120 Vertreter zu wählen sind. Die Wahl würde nun folgende Gestalt annehmen:

	1	2	3	4	5	6	7	SUM.
Zahl der Wähler .	1000	3000	500	800	4000	2000	700	12000
Recht jeder Partei auf Vertreter...	10	30	5	8	40	20	7	120

furt a. M. 1863. — *Bluntschli*, Politik S. 447, auch in dem Wörterbuche sub. verbo „Wahlrecht" B. X. *Rosin*, a. a. O. S. 12.
[1]) Politik loc. cit.
[2]) S. *Kern*. Ueber die Äusserung des Volkswillens in der Demokratie, 1893. S. 77.
[3]) Sie tragen auch gewöhnlich in der Litteratur den Namen „Minoritätsvertretung".
[4]) S. Einleitung. Cnf. Resolutionen der Conferenz zu Antwerpen. 2". «La représentation proportionelle est le seul moyen d'assurer le pouvoir à la majorité réelle du pays, le contrôle aux minorités, une représentation exacte de tous les groupes sérieux du corps électoral».

Also dem Gedanken von Considérant gemäss, muss jede Partei selbst ihre Kandidaten wählen und dies im direkten Verhältnisse zu ihrer numerischen Kraft. In dieser Form wurde das System schon von den Proportionalisten kritisiert,[1]) — es würde zu einer grossen Zerreissung des Landes führen und dadurch die politische Einheit durchbrochen werden.

Diese Uebel zu beseitigen, suchen die andern Systeme.

§ 6. *A*) System des *Wahlquotienten*. Es besteht darin, dass die Summe der Wähler durch die Gesammtzahl der zu wählenden Abgeordneten dividiert wird, und der so erlangte Quotient bezeichnet das Minimum der Stimmen, die ein Kandidat bekommen muss, um gewählt zu sein. So z. B. wenn 1000 Wähler 10 Abgeordnete wählen, ist der Wahlquotient 100 (1000: 10 = 100). Hier liegt offenbar der Gedanke zu Grunde, dass wenn 10 Sitze 1000 Wählern entsprechen, entspricht ein Sitz — 100 Wählern, d. h. 1 Sitz kommt jeder Gruppe von 100 Wählern derselben Meinung zu, und folglich eine Gruppe von 300 Mitgliedern wird 3 Sitze erlangen u. s. w.[2]). Zuerst von *St. Just* erfunden, dann von *Hare* verbessert (1859), wurde dies System im Jahre 1855 in Dänemark von *Andrae* eingeführt[3]). Genauer besteht das System von St. Just darin, dass das Land in Wahlbezirke freilich geteilt wird; aber diese Teilung hat nur eine äussere Bedeutung. Jeder Wähler kann sich nämlich für einen jeden Kandidaten in jedem Bezirke entscheiden, und die Zählung der Stimmen findet in einem Centralbureau statt.

Damit aber keine Stimme verloren gehe, kann jeder Wähler auf seinem Zettel einen oder mehrere Substituten hinzufügen, d. h. die Namen derjenigen Kandidaten, denen er subsidiär am liebsten seine Stimme geben wolle. Natürlicherweise kann die Zahl der bezeichneten Kandidaten die Totalität der Sitze in dem Wahlkörper nicht überschreiten.

Bei Abzählung der Stimmen liest der Praesident des Bureaus

---

[1]) *Bluntschli*, Politik, loc. cit.

[2]) Die ersten Spuren dieses Gedankens schon in dem Vorschlage des Herzogs von Richmond (vgl. S. 5). *Hare*, Election of representatives 1859, S. 68.

[3]) Allerdings hat *Andrae* das Werk von *Hare* nicht gekannt und die Methode selbstständig entdeckt.

n u r den ersten Namen, und wenn ein Name den Wahlquotienten
erreicht hat, dann ist der betreffende Kandidat gewählt. In der
weiteren Abzählung wird dieser Name, wenn er den ersten Platz
hat, gestrichen, und der Name Nr. 2 gelesen, bis der Quotient
wieder erreicht wird u. s. w.

Aus folgendem Beispiele wird das Verfahren klar. Ein Wahlkollegium. das aus 40 Konservativen und 20 Liberalen besteht,
muss 12 Abgeordnete wählen, der Quotient ist also 5; die Kandidaten der Majorität sind:

A. B. C. D. E. F. G. H. I. K. der Minorität: *M. N. O.*
P. Q. R. —

Die Abzählung der Stimmen giebt folgende Resultate:

A. — 5 Stimmen.			*M.* — 5 Stimmen.		gewählt.
B. — 5 »	gewählt.		*N.* — 5 »		
C. — 5 »			*O.* — 5 »		
D. — 5 »			*P.* — 3 »		nicht gewählt.
E. — 5 »			*Q.* — 1 »		
F. — 5 »			*R.* — 1 »		
G. — 4 »	nicht gewählt.		20 Stimmen.		
H. — 3 »					
I. — 2 »					
K. — 1 »					
40 Stimmen.					

So einfach dieses System auf den ersten Blick auch erscheinen
mag, erregt es doch viele Bedenken gegen sich.

1. Es ist mit vielen technischen Schwierigkeiten verknüpft;
nach *Hagenbach — Bischoff's* Rechnung[1]) würde für die Schweiz
die Ermittelung des Wahlresultates bei zehnstündiger täglicher
Arbeit drei Wochen in Anspruch nehmen; für ein grosses Land
wäre es ein unüberwindliches Hindernis.

2. Der Zufall der Reihenfolge, in welcher die Zettel aus der
Urne entnommen werden, spielt bei diesem Verfahren eine zu
grosse Rolle; z. B. der Wahlquotient ist 5; 9 Wahlzettel *A. B.*

---

[1]) Die Anwendung der Proportionalvertretung bei den schweizerischen
Nationalratswahlen, 1892, S. 7.

etc., 7 Zettel *A. C.* etc.; kommen zuerst die Zettel *A. B.*, so erhält, wenn *A* mit 5 Stimmen gewählt ist, *B.* nur 4, *C.* aber 7 Stimmen. Kommen zuerst die Wahlzettel *A. C.*, so erhält nach *A C. —* 2 und *B. —* 9 Stimmen.

3. Es kann sehr gut geschehen, dass von 10 zu wählenden Kandidaten nur 2 oder 3 den Quotienten erreichen. Das beweist folgendes Beispiel :

10000 Wähler sind in 4 Parteien geteilt:

$$\begin{array}{cccc} A. & B. & C. & D. \\ \text{zu } 4000, & 3000, & 2000, & 1000 \end{array} \text{ Wähler.}$$

Der Wahlquotient ist 1000 und das Verfahren giebt folgendes Resultat:

A.
Cand. α ...1000 Stimmen.
 » β ... 900 »
 » γ ... 700 »
 » δ ... 600 »
 » ε ... 500 »
 » ζ ... 300
 _____
 T. 4000 Stimmen.

B.
Cand. η ...1000 Stimmen.
 » θ ... 700 »
 » ϰ ... 600 »
 » λ ... 500 »
 » μ ... 200 »
 T. 3000 Stimmen.

C.
Cand. ν ... 800 Stimmen.
 » ξ ... 700 »
 » π ... 500 »
 _____
 T. 2000 Stimmen.

D.
Cand. ρ ... 600 Stimmen.
 » σ ... 400 »
 _____
 T. 1000 Stimmen.

Es sind also nur *zwei* Kandidaten, die den Quotienten erreicht haben.

Was ist in diesem Falle zu thun? Es sind zwei Möglichkeiten vorhanden, zuerst können als gewählt diejenigen erklärt werden, die der Zahl der erhaltenen Stimmen nach, sich dem Quotienten am meisten nähern. Aber, wie praktisch bequem dies auch sein sollte, so wäre es doch ein Bruch des ganzen Systems,

2

denn die betreffenden Kandidaten haben den Wahlquotienten
nicht erreicht und können deshalb als Vertreter der Urgruppen
nicht betrachtet werden.

Es wäre ein Kompromiss, das die ganze Methode leicht zu
Grunde richten könnte.

Eine andere Lösung der Frage besteht in einer wiederholten
Stimmensammlung (2-ème tour de scrutin); aber auch bei dieser
Stimmensammlung kann dasselbe geschehen, und dann wäre man
gezwungen, sich zu einer dritten Operation zu wenden u. s. w.

Mit welchen Kosten und welchem Zeitverlust ein solches
Verfahren verbunden wäre, ist klar.

Zwar wurde von *Walter — Baily*[1]) vorgeschlagen, die Benennung der Substituten den gewählten Kandidaten selbst zu
übertragen, aber dies Verfahren würde erstens eine Rückkehr zu
dem System der indirekten Wahlen bedeuten und zweitens könnte
es sehr leicht verschiedene, wenig wünschenswerte Manöver be-
günstigen.

Aus allen hervorgehobenen Gründen ist das Hare'sche System
ganz unanwendbar, dies ist heutzutage fast allgemein anerkannt.

Manche einzelnen Mängel des Systems zu beseitigen, bemü-
hen sich verschiedene Vorschläge, aber mit geringem Glücke.[1])

Für die principielle Seite der Frage sind sie ohne Bedeutung,
deswegen werden wir ihrer nicht weiter Erwähnung thun.

§ 7. *B*) Das zweite grosse System trägt in der Litteratur
den Namen der „Listenkonkurrenz“ (système de la concurrence
des listes, système du vote simultané, des têtes de liste).

Seinem inneren Gedanken nach ist es nichts anderes, als eine
Verbesserung des Vorschlags Considérants. Jede Partei bereitet
ihre Kandidatenliste vor; am Tage der Wahlen wählt jeder für
seine Liste, und die Sitze werden pro rata zwischen die Parteien
vertheilt. So z. B. wenn die Liste *A.* 30,000 Stimmen, die Liste
B. 20,000 Stimmen und die Liste *C.* 10,000 Stimmen bekommen
haben, und es müssten 6 Abgeordnete gewählt werden, so erhält
A — 3 Sitze, *B* — 2 und *C* — 1. So das Schema des Systems.

§ 8. Die erste praktische Frage, die sich aufstellen lässt, ist

---

[1]) *Rosin*, a. a. O. S. 17. «Études» S. 51.

die folgende: In welcher Weise werden die Namen der gewählten Kandidaten festgestellt? Es sind überhaupt zwei Möglichkeiten vorhanden: entweder ist der Wähler an die Parteiliste gebunden oder nicht.

Im *ersten* Fall kann er auf seinen Wahlzettel nur Namen seiner Parteigenossen aufschreiben, aber dafür kann er seine Lieblings-Kandidaten durch besondere Zeichen (marques de préférence) hervorheben (Prinzip der Selektion): so durch Reihenfolge, Streichung einzelner Namen, Kumulierung des Votums u. s. w., und die Kandidaten, welche die relative Majorität der Stimmen erhalten haben, sind gewählt. Ein solches Verfahren wird durch folgendes Beispiel klar gemacht.

70000 Wähler — 7 Abgeordnete zu wählen.

Parteilisten :
A.	— 30000 Stimmen	— 3	Sitze.
B.	— 20000 „	2	„
C.	10000 „	1	„
D.	— 10000 „	1	„

Gewählt sind :

A.		*B.*		*C.*		*D.*	
α	28000	ϑ	19500	ο	9500	τ	7000
β	29000	χ	17500	π	8000	υ	9000
γ	28000	λ	18000	ρ	7000	φ	6000
δ	25000	μ	12000	σ	4000	χ	5000
ε	21000	ν	9000				
ζ	17000						
η	15000						

Nehmen wir an, dass die Zahlen durch Streichung der missfälligen Namen erreicht sind; so ist es klar, dass α, β, γ, ϑ, κ, λ, υ, seltener gestrichen gewesen sind als die anderen Kandidaten und deswegen mehr Vertrauen bei ihren Parteigenossen geniessen. Bei anderen marques de préférence bleibt das Verfahren im wesentlichen dasselbe.

Im *zweiten* Falle kann der Wähler auf seinen Zettel Namen aus verschiedenen Listen einschreiben, er kann ihn «panachieren.»

2*

Der Vorzug dieser Methode besteht darin, dass einzelne Persönlichkeiten eine sehr grosse Zahl von Stimmen erhalten können — eine Zahl, die auch grösser sein kann als die Zahl der Mitglieder der Partei, zu welcher sie gehören. Damit wird die besondere Popularität von einigen Kandidaten betont und ein Eintrachtselement in den Wahlkörper hineingefügt. Aber andererseits lässt sich fragen, zu welcher Liste ein solcher Wahlzettel zu rechnen sei, welcher die Namen von Kandidaten aus verschiedenen Parteilisten enthält — in unserem Beispiele ein Zettel folgender Art: α, ε, μ, ν, o, ρ, χ? In der Lösung dieser Frage wird immer eine gewisse Willkür herrschen müssen.

§ 9. Die zweite praktische Frage ist die folgende: auf welche Weise müssen die Sitze zwischen den Parteien verteilt werden? Es sind 2 Parteien vorhanden: A mit 2000 Mitgliedern, B mit 3000 — und es müssen 5 Abgeordnete gewählt werden: wie werden wir die Proportion finden?

Die erste Erwägung, die sich uns entgegenstellt, ist die folgende: haben 5000 Wähler das Recht sich durch 5 Abgeordnete vertreten zu lassen, so hat jede Gruppe das Recht auf einen Abgeordneten (Wahlquotient), folglich wird $A - 2$ und $B - 3$ Deputierte bekommen.

Aber diese elementäre Methode lässt sich nur dann anwenden, wenn die Zahlen, welche die Stärken der Parteien darstellen, multipliziert mit der Anzahl der Sitze, teilbar sind durch die Summe der einzelnen Parteizahlen ($A = 2000 \times 5 = 10000$, $10000 : 5000 = 2$; $B = 3000 \times 5 = 15000 : 5000 = 3$)

Aber dies ist doch nicht immer möglich. Nehmen wir 3 Parteien an, zu 400, 300 und 100 Wählern, welche 7 Deputierte zu wählen haben; der Quotient ist dann 114; $400 : 114 = 3$. $300 : 114 = 2$; die Summe $= 5$; es bleiben also noch 2 Vakanzen zu füllen. Ein anderes Beispiel, 130000 Wähler zerfallen in fünf Parteien und müssen 10 Abgeordnete wählen. Es kommt folgendes Schema heraus:

A. $45000 : 13000 = 3 + 6000$

B. $35000 : \ldots\ldots = 2 + 9000$

$$C. \quad 25000 : \ldots\ldots = 1 + 12000$$
$$D. \quad 15000 : \ldots\ldots = 1 + 2000$$
$$E. \quad 10000 : \ldots\ldots = 0 + 10000$$

$$S. \quad 130{,}000 \qquad\qquad 7$$

Wem die drei übrigen Sitze zusprechen? Die einfachste Antwort wäre: denjenigen, welche die höchsten Reste aufweisen, das sind 12000, 10000, 9000. Auf Grund dieses Verfahrens wäre die Verteilung der Sitze die folgende. $A - 3$, $B - 3$, $C - 2$, $D - 1$, $E - 1$.

Aber dieses Resultat steht im Wiederspruche mit dem Grundprinzip der Proportional-Vertretung; die Partei A, welche fast 5 Mal so stark ist als die Partei E, erhält nur 3 Sitze, genau ebensoviel als die Partei B, welche 10,000 Mitglieder weniger hat. Es ist also klar, dass diese Methode zu vollständig ungerechten Resultaten führen kann.

Das vom gelehrten Belgier *Victor D'Hondt* vorgeschlagene System ergiebt ein viel zufriedenstellenderes Resultat. Unser Ziel, sagt D'Hondt [1] besteht darin, ein Mass zu finden, welches uns gestatten wird, die wahre numerische Stärke einer jeden Partei zu bestimmen. Dieses Mass ist der «Chiffre répartiteur.» Denselben finden wir durch Dividierung einer jeden Partei durch 1, 2, 3 u. s. w., z. B. sind 3 Parteien vorhanden, zu 8141, 5680, 3725 Wählern und müssen 7 Abgeordnete gewählt werden, so dividieren wir die einzelnen Zahlen durch 1, 2, 3, 4, 5 u. s. w.; die erlangten Quotiente nach der Grösse geordnet ergeben folgende Tabelle:

$$8145 - 5680 - 3725 : 1$$
$$4072 - 2840 - 1862 : 2$$
$$2715 - 1893 - \qquad : 3$$
$$2036 \qquad\qquad\qquad : 4$$
$$1629 \qquad\qquad\qquad : 5$$

---

[1] Système pratique et raisonné de représentation proportionelle. Bruxelles 1882.

1	8145		
2		5680	
3	4072		3725
4			
5		2840	
6	2715		
7	2036		
8		1893	

Die Zahl 2036, welche auf der siebenten Stelle steht (es sind 7 Abgeordnete zu wählen) ist der Chiffre répartiteur.

Dividieren wir durch 2036 die Zahlen 8145, 5680 und 3725, so bekommen wir für A 4 Sitze, für B — 2 und für C — 1 Sitz. Dieses System ist, wie man sieht, etwas kompliziert; sein unleugbarer Vorteil ist aber eine mathematisch genaue Lösung zu geben. Trotzdem kann eine gewisse Schwierigkeit entstehen, nämlich, wenn der Chiffre répartiteur sich wiederholt. Beispiel:

$$A = 300 \ , \ B = 400 \ , \ C = 105.$$

7 Deputierte sind zu wählen.

Dividiert man diese Zahlen durch 1, 2, 3, u. s. w., so erhält man folgendes [1]):

$A.$	$B.$	$C.$	Devisor $= 100$ —
300	400	105	300 : 100 = 3
150	200	52	400 : 100 = 4
100	133	35	105 : 100 = 1
75	100	26	$\overline{S. \ 8}$

Also haben wir 8 Deputierte statt 7.

So sehen wir, dass in gewissen Fällen selbst das D'Hondt'sche System zu zweifelhaften Resultaten führt.

---

[1]) *Bernatzik* in Schmoller's Jahrbüchern loc. cit.

Es ist jedoch bis heute dasjenige, welches wohl am wenigsten
Mängel aufzuweisen hat, was auch von dem Antwerpener Kongresse ausdrücklich anerkannt worden ist [1]).

Dies sind die hauptsächlichsten vorgeschlagenen Systeme;
durch verschiedene Kombinationen gelangt man dazu, die wechselseitigen Fehler derselben mehr oder weniger zu mildern und
manche technische Schwierigkeiten zu heben. So die Vorschläge
von Hagenbach-Bischoff u. andern.

DRITTES KAPITEL.
Die praktische Anwendung des Systems.

§ 1. Verlassen wir nun die Theorie, um uns der Praxis zuzuwenden und sehen wir, in wie weit die theoretischen Spekulationen in Europa und Amerika zu praktischer Anwendung gelangt sind.

Dänemark [2]). Dänemark ist das erste Land, in welchem
die Idee der Proportionalvertretung praktische Anwendung gefunden hat. Es ist eine seltsame Erscheinung, dass hier die Praxis
der Theorie vorgegriffen hat, und dass erst nach mehrjähriger
Funktionierung des Systems parlamentarische Debatten über dessen inneren Wert entstanden sind.

Durch das provisorische Wahlgesetz vom 2. Oktober 1855
wurde die Minoritätenvertretung eingeführt. Die neue Verfassung
desselben Jahres organisierte das Einkammersystem (Rigsrad, mit
80 Abgeordneten). Von diesen 80 Abgeordneten sollten nur 30
nach dem System *Andrae's* (Hare's) gewählt werden. Im Jahre
1863 wurde Dänemark wiederum mit einer neuen Verfassung versehen, das Zweikammersystem feierte seine Rückkehr; der Rigsrad wurde im Folksthing und Landsthing geteilt. Die Wahlart
blieb im wesentlichen dieselbe, beschränkt sich aber auf den

---

[1]) — «le système D'Hondt .... marque un progrès considérable sur les
systèmes précédemment proposés etc.» (Résol. № 3).

[2]) P. *Darest* u. *T. Bajer* «Études», S. 338—368. *Goos* und *Hansen* in
Marquardsen's Handbuche des öffentlichen Rechts. IV, 2, 3, S. 52 ff. *Rosin* a.
a. O. S. 23. *Naville*, die Wahlreform. S. 51 ff.

Landsthing (Wahlgesetz vom 4. Dezember 1863). Im folgenden Jahre verlor Dänemark die Herzogtümer Schleswig und Holstein, und hiermit der Rigsrad seine Existenzberechtigung, so dass der dänische Rigsdag als einziger Repräsentativkörper des Königreichs blieb. Am 28. Juli 1866 wurde die jetzt geltende Verfassung votiert. Am 12. Juli 1867 wurde das neue Wahlgesetz publiziert, welches den Minoritäten eine Vertretung im Landsthing sicherte und das Gesetz von 1855 wörtlich wiederholte. Hierbei ist bemerkenswert, dass Bestimmungen, welche im Jahre 1855 fast unbeachtet durchgegangen waren, schon 12 Jahre später zu verschiedenartiger Kritik Anlass gaben.

Endlich im Jahre 1886 wurde wiederum vorgeschlagen (von Bajer) das Freilistensystem bei den Wahlen zur Volksvertretung allgemein einzuführen. Bis jetzt ist doch dieser Antrag ohne praktischen Erfolg geblieben.

Schliesslich bemerken wir noch, dass das Proportionalitätssystem auch in der Geschäftsordnung des Rigsdags einen Platz gefunden hat. Wenn 15 Mitglieder des Folksthings und 12 des Landsthings es verlangen, so sind die Ausschüsse beider Kammern nach diesem System zu wählen. Seit 1890 findet das Freilistensystem auf die Wahlen des Komités, der parlamentarischen Enquêtekommissions und der Sekretäre Anwendung.

§ 2. Spanien[1]. Spanien ist ebenfalls eines der ersten Länder, in denen die Proportionalvertretung praktische Anwendung fand. Schon 1856 wurde ein Gesetz votiert, durch welches das System eingeführt war, aber im selben Jahre noch wurde es durch königliches Dekret aufgehoben, und erst 1876 triumphierte definitiv nach lebhaften Parlamentsdebatten das fragliche Prinzip. Heutzutage ist dort die Minorität vertreten in drei verschiedenen Repräsentativkörpern: in den ayuntamentos (Gemeinderäte), dem Congreso de los Diputados (Kammer der Abgeordneten) und den Disputacion provincial (Provinzialräte).

Das Gesetz von 1876, die Gemeinde-Organisation betreffend (termino municipal), bestimmt unter anderem, dass die Gemeinden

---

[1] *Daguin,* Études, S. 454 ff. *Torres Campos* in Marquardsen's Handbuche. IV, 1, 7, SS. 30, 52, 58. *Rosin,* a. a. O. S. 24.

verwaltet werden sollen durch einen Wahlkörper, ayuntamento genannt. Die Wahlen werden nach dem System des vote limité abgehalten. Sollten zwei oder mehr Kandidaten die gleiche Anzahl Stimmen behalten haben, so entscheidet das Loos. Dasselbe System wird befolgt bei der Wahl der Deputiertenkammern (Gesetz von 1876). Das Land ist in 371 Wahldistricte geteilt, von denen 345 nur einen Abgeordneten ernennen; die 26 andern wählen von 3 bis 8 Abgeordnete. Es ist klar, dass die Minoritätenvertretung nur bei diesen letzteren in Frage kommen kann. In zweifelhaften Fällen entscheidet auch hier das Loos. Eine Specialbestimmung des Wahlgesetzes führt zugleich die accumulation de los votos ein. Jeder Kandidat, der im Ganzen mindestens 10000 Stimmen in verschiedenen Wahldistricten erhalten hat, ohne die Majorität in derselben erlangt zu haben, kann zum Deputierten gewählt werden, 10 Sitze sind hierzu reserviert. Allerdings hat bis jetzt diese Bestimmung kaum Anwendung gefunden. Endlich, ebenso wie in Dänemark, werden auch die Ausschüsse des Kongresses nach demselben System gewählt.

Was die Provinzial-Vertretung anbetrifft, so hat die Minorität in ihnen auch ihren Teil. Jede der 49 Provinzen Spaniens wird administriert von einem Gouverneur, welchem zur Seite ein Wahlkörper steht (Disputacion provincial), dessen Mitglieder nach dem System des vote limité gewählt werden.

§ 3. **Portugal**[1]). Die Bewegung zu Gunsten der Proportionalvertretung fängt in Portugal in den siebziger Jahren an. Allerdings hatte ein Wahlgesetz vom Jahre 1852 die Minoritäten bis zu einem gewissen Grade in den Wähleruntersuchungskommissionen geschützt, aber diese Neuerung schien unbeachtet geblieben. Erst im Jahre 1870 wurde dem Parlamente ein diesbezüglicher Vorschlag von dem Bischof von Vizeu vorgelegt.

Dieser Antrag wurde verworfen, aber er rief furchtbare Diskussionen in der Kammer und im Publikum hervor. Am 30. Januar 1880 gab sich die Pairskammer (camara dos pares. camara alta, zusammengesetzt aus 100 vom König ernannten und 80 ge-

---

[1]) *Laveyries*, Études, S. 438. *Tavares de Medeiro*, in Marquardsen' Handbuche IV, 1, 9. § 30, 32.

wählten Mitgliedern) eine Geschäftsordnung, laut welcher die Wahlverifikationskommission aus 7 Mitgliedern bestehen sollte, welche im Schoose der Kammer selbst, nach dem vote limité gewählt werden sollten. Am 9. Februar 1876 hatte die Kammer auch bestimmt, dass ihre hauptsächlichsten Ausschüsse nach demselben System gewählt werden sollten. Endlich im Jahre 1881 entstand nach langen Diskussionen (welche übrigens nicht das Prinzip selbst betrafen, sondern nur auf Detailfragen und auf die praktische Anwendung desselben sich bezogen), das Gesetz, welches heute die Wahl für die Camara dos diputados regelt. Diese .etztere besteht aus Abgeordneten, welche teils durch einnamige Zettel, teils durch mehrnamige Listen gewählt sind. In letzterem Falle dürfen die einzelnen Zettel für Kreise mit 3 Abgeordneten nur bis 2 Namen, die für Kreise mit 4 Abgeordneten bis 3 Namen u. s. w. enthalten. So werden auch durch Stimmenhäufung 6 Abgeordnete gewählt, insofern jeder derselben mindestens 5000 Stim- men im ganzen auf dem Kontinent und den anliegenden Inseln erlangt. Das System ist also offenbar dem Spanischen nach- gebildet.

§ 4. **England**[1]) ist sicher das Land, in welchem unser Sy- stem am wissenschaftlichsten behandelt worden ist. Hochbegabte Männer haben sich damit ernstlich beschäftigt, und ihr Einfluss hat sich weit über die Britannischen Grenzen fühlen lassen. Der erste diesbezügliche Parlamentsantrag wurde von Lord John Russel im Jahre 1854 eingebracht: damals wurde zum ersten Male von dem vote limité gesprochen. 1867 wiederholte J. Stuart Mill diesen Antrag. Der Antragsteller stand damals völlig unter dem Einfluss des Buches von Hare, welches viel Lärm gemacht hatte, daher verteidigte er auch das Quotientensystem. Die Kammer je- doch verwarf auch diesen Antrag als unpraktisch, ohne Diskus- sion. Lord Cairns machte im selben Jahre einen glücklicheren Versuch. Auf seine Iniative hin nahm das House of Lords zwei neue Bestimmungen an: die erste bezog sich auf die sog. three- cornered Wahlbezirke (mit 3 Abgeordneten), die zweite auf die

---

[1]) *Arnauné* und *Lebon* «Études» S. 83—152. *Naville*, op. cit. passim, *Hare* op. cit. S. 68 ff. *Rosin*, op. cit. S. 24.

City von London, darauf hingehend, dass kein Wähler in den bestrittenen Wahlen der ersten Kollegien-Kategorie für mehr als 2 Kandidaten und ebensowenig für mehr als 3 Kandidaten, in denen der City stimmen dürfte. In dem House of Commons wurde dieser Beschluss heftig bekämpft, namentlich durch Gladstone. Doch ging die Bill durch mit einer Majorität von 64 Stimmen. In den Jahren 1870 und 1872 fanden wieder parlamentarische Debatten über unsere Frage statt; Morisson verstieg sich bis zu einem Antrage, das Hare'sche System völlig einzuführen, aber ohne Erfolg. 1878 neuer analoger Antrag. Endlich verteidigten 1884 Blennerhasset, Courtney, Heygate und Parker wiederum den neuen Gedanken. Bis dahin hatte sich nämlich die öffentliche Meinung von dem durch das Gesetz von 1867 eingeführten vote limité abgewendet. Die Mängel dieses Systems waren durch die Praxis klargelegt worden, und es entstand in Folge dessen in der Kammer eine imposante Gruppe, welche dessen Aufhebung verlangte. Zu guterletzt wurde der Antrag Lubbock (System des «single transferable vote») verworfen und die Bestimmungen des Jahres 1867 auch doch aufgehoben (2. März 1885).

Also nach einem ephemären Erfolge wurde schliesslich die Vertretung der Minoritäten im Parlamente verworfen. Dagegen werden die Schulräte (schoolboards) seit 1870 nach dem System des «vote accumulé» gewählt; man wollte nämlich hierdurch eine gerechte Vertretung der verschiedenen Konfessionen gewähren.

§ 5. Die Schweiz[1]). Die Schweiz ist eines der Länder, wo man für die Lösung des Wahlproblems am meisten gearbeitet hat und heute noch arbeitet. Jede mehr oder weniger bedeutende Stadt hat ihren Proportionalistenverein, der die Frage sowohl vom theoretischen als auch vom praktischen Standpunkte aus studiert. Die Namen Hagenbach-Bischoff, Naville und andere sind wohlbekannt denjenigen, die sich mit unserer Frage beschäftigen.

Im Jahre 1846 sprach man zum ersten Male von der Proportionalvertretung, und das geschah in *Genf*. Wir kennen schon das Schicksal des Antrags Considérant's. Analoge Aufträge aus

---

[1]) S. die schon oben citierte Litteratur, ausserdem *Roguin* «Études» S. 368—403.

dem Jahre 1862 sind ebenfalls ohne Resultat geblieben. 1870
beantragte M. Roget das System der freien Liste für die Wahlen
zum grossen Rat einzuführen — den Antrag verwarf man. Dasselbe geschah im Jahre 1876. Erst 1888 wurde endlich das heute
geltende System eingeführt. Das Gesetz vom 27. Oktober 1888,
verbessert durch das Gesetz vom 3. September 1892, führt das
Listenskrutinium ein mit Verteilung der Deputierten an die verschiedenen Listen im graden Verhältnisse zu der Anzahl der abgegebenen Stimmen (art. 1). Die Summe aller abgegebenen Stimmen, dividiert durch die Anzahl der Kandidaten ergiebt den Wahlquotienten, und jede Liste erhält so viel Vertreter als ihre Wahl-
ziffer den Quotienten in sich begreift (Art. 12). Ist Stimmengleichheit vorhanden, so ist der ältere Kandidat als gewählt zu
betrachten (Art. 13).

Neuenburg. Die Bewegung begann hier 1869 mit einem Antrage von Jacottet, aber erst 1891 entstand ein Gesetz, welches
das fragliche System für die Wahlen zum grossen Rat einführte.
Die art. 58 — 66 der «Loi sur les élections et les votations»
vom 28. Okt. 1891 bestimmen, dass die Wahlen nach dem System der
Listenkonkurrenz stattfinden sollen. Um gewählt zu werden,
muss man mindestens 15% der gültig abgegebenen Wahlzettel
auf sich vereinigt haben (quotient d'élimination). Die Verteilung unter die Listen geschieht durch Dividierung der Gesammtsumme der Stimmen durch die Anzahl der Kandidaten. Die
Summe der Simmen einer jeden Liste wird daher dividiert durch
den erhaltenen Quotienten.

Im Jahre 1891 hat der *Tessin* auch das System adoptiert, für
die Municipalwahlen am 29 Mai und für die Wahlen zum grossen
Rat am 27. November. Das Verfahren ist im wesentlichen dem
Genfer gleich. Auch hier stellen die Parteigruppen Listen auf
und erhalten soviel Vertreter zugesprochen, wieviel mal die Totalsumme der Stimmen Partei den Quotienten in sich enthält.

In *Zürich* (1879) *Luzern, Bern* (1893)[1]) wurden dagegen
analoge Anträge verworfen. In *Basel* hatten auch zwei Vorschläge
von Prof. Hagenbach- Bischof (1875, 1883) dasselbe Schicksal.—

---

[1]) S. Gasette de Lausanne 19. Juni 1893.

Einige Versuche sind auch gemacht worden, das System in die Bundesgesetzgebung einzuführen. Wir nennen die Anträge Weber (1872), Naville (1878), Studer (1877) und endlich Petitionen der Wahlvereine (1881, 82). Bis jetzt sind aber auf diesem Gebiete noch keine positiven Resultate zu verzeichnen.

§ 6. Italien.[1]) In diesem Lande wurde die Minoritätsvertretung erst im Jahre 1882 durch das Gesetz vom 13. März eingeführt, welches das Land in 135 Wahlbezirke einteilte und bestimmte, dass in 35 Bezirken (bei denen je 5 Abgeordnete zu wählen waren) das System des vote limité angewendet werden sollte, d. h. jeder Wähler solle auf seinen Wahlzettel nur vier Namen aufschreiben. Ein Amendement von Genala, das viel weiter ging als dies Gesetz, wurde nach langer Diskussion verworfen. Das Gesetz von 1882 hat übrigens kein langes Leben gehabt, am 5. Mai 1891 wurde es aufgehoben, und das alte System der absoluten Majorität wieder eingeführt.

§ 7. In **Serbien** hat die Verfassung vom 22. December 1888 auch den Schutz der Minoritäten bei den Skupschtinawahlen eingeführt.

Art. 93 der Verfassung lautet: «in jedem ländlichen Wahlbezirke haben 100, in jeder Stadt, die mehr als einen Abgeordneten wählt, 50 Wähler das Recht eine eigene Liste aufzustellen. Auf jede Liste sind so viel Namen aufgeschrieben, als Abgeordnete zu wählen sind. Die Gesammtzahl derjenigen Wähler, welche ihr Wahlrecht faktisch ausgeübt haben, dividiert durch die Zahl der zu wählenden Abgeordneten, ergiebt die Anzahl der Stimmen, nach welcher einer jeden Liste die entsprechende Anzahl von Abgeordneten zugesprochen wird. Jede Liste wird also so viel Sitze erhalten, als der gefundene Coeffizient aufgeht in der Zahl der Stimmen, die sie erlangt hat.

Es wird zunächst nachgesehen, ob die an der Spitze einer jeden Liste stehenden Kandidaten den Coëffizient erreicht haben; dann verfährt man ebenso mit den in zweiter Reihe stehenden

---

[1]) *Sarraute*, «Études» S. 444. *Brusa* in Marquardsen's Handbuch IV, 1, 7.; S. 129, 518. *Rosin* a, a. O. S. 25.

Kandidaten, dann in dritter u. s. w., bis die Zahl der zu wählenden Abgeordneten erreicht ist.

Sollten noch einige Sitze vakant geblieben sein, d. h. in keiner Liste, für die der Coeffizient erreicht worden sei, so wird je ein Abgeordneter denjenigen Listen zugesprochen werden, die dem Coeffiziente am nächsten gekommen sind, bis man auf diese Weise die vorgeschriebene Anzahl von Deputierten erreicht hat. Im Falle, dass Stimmengleichheit herrscht, so entscheidet das Loos.»

Wie man sieht, ist dies also eine Kombination des Systems der Listenkonkurrenz mit dem des Quotienten, wobei der Wahlquotient zugleich die Rolle eines Eliminationsquotienten spielt.

§ 8. Belgien.[1]) Trotzdem in diesem Lande die Agitation zu Gunsten der Proportionalvertretung in den letzten Jahren sehr grosse Dimensionen angenommen hat, ist man bis jetzt zu keinem positiven Resultate gekommen.

Zum ersten Male wurde die Frage im Jahre 1866 von dem Deputierten de Smedt aufgeworfen: sein Vorschlag, die Hare'sche Methode einzuführen, wurde jedoch nicht angenommen. In den Jahren 1877, 1881 und 1885 fanden wieder Diskussionen statt, endlich legte im Jahre 1887 der Wahlreformverein einen gründlich ausgearbeiteten Gesetzentwurf der Repräsentantenkammer vor (Freilistensystem). Bis jetzt ist der Entwurf noch Entwurf geblieben. 1889 wurde beantragt, bei den Wahlen der prud'hommes das kumulierte Votum anzuwenden, ebenfalls ohne Erfolg.

§ 9. In Deutschland[2]) scheint man sich wenig mit der Frage beschäftigt zu haben. Die einzige gesetzliche Vorschrift, welche sich darauf bezieht, ist der Art. 54 der hamburgischen Verfassung. Nach diesem Artikel wird der Bürgerausschuss, den die Bürgerschaft aus ihrer Mitte wählt, auf folgende Weise ernannt.

Wer die Stimmen von mindestens $1/4$ der Anwesenden erhalten hat, ist gewählt, und die Wahl wird so lange fortgesetzt, bis

---

[1]) *Bolton* in den «Études» S. 404 — 432. *Naville*, Rapports etc. besonders die Revue, La représentation proportionnelle.

[2]) *Rosin* a. a. O. S. 29 v. *Melle*, Hamburgisches Staatsrecht S. 188. *Ritzhaupt*: Zur Frage der Wahlreform, in der Zeitschrift für badische Verwaltung, 1869. S. 157.

alle Mitglieder gewählt sind. Hier hat man, wie es von *Rosin* richtig bemerkt ist, es mit einer besonderen Art von proportionaler Einzelwahl zu thun, wobei der Wahlquotient durch $^1/_4$ der anwesenden Bürgerschaftsmitglieder dargestellt wird.

Einige vereinzelten Anträge in den gesetzgebenden Versammlungen von Frankfurt (1864) und Baden verdienen kaum erwähnt zu werden. Dagegen hat die Proportionalvertretung in der deutschen Litteratur starke Verteidiger gefunden; Fürst von Bismark soll sich auch zu ihren Gunsten ausgesprochen haben[1]).

§ 10. **Frankreich.**[2]) Hier hat die Frage eine viel grössere litterarische als parlamentarische Bedeutung. Zwar haben sich auch in der Kammer einzelne Stimmen zu Gunsten der Majoritätenvertretung erhoben; ihre Vorschläge wurden aber immer mit einer erdrückenden Majorität verworfen. So die Anträge von Pernolet (1875), Berthaud (1877 : 26 Stimmen gegen 778), Cantagrel (1860) u. a. m. von geringerer Bedeutung.

Endlich wurde, was gänzlich unbekannt zu sein scheint, auch in **Russland**[3]) im Jahre 1864 vom Grafen Korf in dem Reichsrate (Gossudarstwenny Sowet) ein Vorschlag die Proportionalvertretung bei Wahlen für die «Zemstwa» einzuführen gemacht. Diese Motion hatte aber kein Resultat.

§ 11. **Vereinigte Staaten von Nord-Amerika.**[4]) Die ausserordentliche Wichtigkeit und die unbestreitbaren Mängel des ganzen Wahlverfahrens in diesem Staate haben seit 1867 eine höchst interessante Bewegung hervorgerufen, um ein besseres und gerechteres Vertretungssystem zu finden. Um Wiederholungen zu vermeiden, wollen wir zuerst die Versuche zur Einführung der Proportionalvertretung in der Bundesgesetzgebung uns ansehen, um dann auf die Einzelstaaten überzugehen.

a) Im Jahre 1867, als es sich darum handelte, die Südstaaten ihrer vollen Rechte in der Union wieder teilhaftig zu machen,

---

[1]) Das Nähere bei *Rosin*, a. a. O.
[2]) *Vernes*, Études S. 481—496.
[3]) *Korkunoff*, Russisches Staatsrecht. B. I 1892 S. 298.
[4]) *Bruwaert* in den «Études» 153—256; *Naville*, Wahlreform S. 33—51
Les progrès de la réforme électorale 1874. *Rosin*, a. a. O. S. 27. v. *Holst*.
Marquardsen's Handbuch S. 145.

und als in den Kammern das neue Wahlgesetz diskutiert wurde, stellte Buckalew im Senate den Antrag, das «vote cumulatif» bei den Südstaaten einzuführen. Diesen Antrag wiederholte er 1869, aber ebensowenig wie das erste Mal konnte er damit durchdringen.

Ein Versuch im Jahre 1869 bei Berufung der Wahlmänner für die Praesidentenwahl der Minoritätenvertretung Eingang zu verschaffen, scheiterte ebenfalls.

b) In den Einzelstaaten ist man dagegen zu ziemlich grossen aber eigentümlichen Resultaten gelangt. Im grossen und ganzen kommt bei der Anwendung des Systems die Ernennung 1° der Richter, 2° der Mitglieder der gesetzgebenden Körper, 3° der Verwaltungsbeamten, 4° der Direktoren der Actiengesellschaften in Frage.

1) Die Richter des Appellationsgerichtshofes werden nach dem System des vote limité gewählt im Staate New-York (1867) und Illinois (1870). In Pennsylvanien wendet man dasselbe System bei den Wahlen der Richter des «Supreme Court» und des Polizeigerichtshofs zu Philadelphia an. Diese Frage wurde auch in Ohio erörtert, ohne aber zu einem Resultate zu führen.

2) Im Jahre 1867 beantragte Greely in der konstituierenden Versammlung des Staates New-York den Senat nach der Methode des vote cumulé zu wählen. Nach langwierigen Diskussionen wurde der Antrag schliesslich verworfen. Dagegen wurde 3 Jahre später in Illinois ein Antrag darauf hingehend, dass die Mitglieder der Repraesentantenkammer nach dieser Methode gewählt werden sollten, adoptiert und in die Verfassung aufgenommen. Die Verfassung des Staates Utah enthält eine analoge Bestimmung. In Pennsylvanien wurde im Jahre 1872 nach langer Diskussion ein gleicher Antrag von Buckalew und Armstrong verworfen. In Ohio nahm die konstituierende Versammlung im Jahre 1874 ein Gesetz an, welches das vote cumulé für die Wahlen in die Kammer einführte, — aber das Volk bestätigte diese Neuerung nicht, und dieser Entwurf wurde infolge dessen verworfen. Endlich könnte man noch bemerken, dass einige der konstituierenden Versammlungen selbst nach einem der Systeme der Minoritätenvertretung gewählt worden sind.

3) An der Spitze einer jeden Grafschaft sind bekanntlich 3 Administratoren, welche keiner höheren Gewalt unterstehen. Seit 1873 werden dieselben in Pennsylvanien nach der Methode des vote limité gewählt.[1]) Die Diskussionen der konstituierenden Versammlung bewegten sich mehr auf dem Gebiete der resp. Vorteile dieses Systems und des Systems des vote cumulé; nur weniges wurde gegen das Prinzip selbst vorgebracht. Nach dem Gesetze des 2. Juli 1839 (sic) wird der Wahlausschuss in diesem Staate auch nach dem vote limité gewählt. Dasselbe ist der Fall in dem Staate New-York (1844). Das kumulierte Votum wird auch in Pennsylvanien (seit 1870, Antrag Buckalew) für die Wahlen der Gemeinderäte gewisser Städte angewandt. Seit 1871 werden auch die Schulrektoren auf diese Weise gewählt. In Illinois *können* auf Grund der Gesetze von 1872 und 1873 die Städte des Staates das kumulierte Votum für die Wahlen ihrer Gemeinderäte anwenden.

Es wäre interessant zu wissen, wie viel Städte von diesem Rechte Gebrauch gemacht haben, leider aber fehlen uns hierüber genaue Nachrichten.

4) Im Jahre 1872 nahm die gesetzgebende Versammlung des Staates Illinois ein Gesetz an, nach welchem die Direktoren der Aktiengesellschaften nach dem vote cumulé zu wählen seien. Dasselbe gilt auch für Pennsylvanien (1873), West-Virginien (1872) und Missouri (1875).

Gleichlautende Vorschläge wurden dagegen in New-York und in Ohio verworfen.

§ 12. **Brasilien.**[2]) Die Mängel, welche in der ersten Hälfte unseres Jahrhunderts das Wahlsystem dieses Landes charakterisierten, hatten zur Folge in den Kammern und im Publikum eine Bewegung hervorzurufen, welche es sich zur Aufgabe machte nach einem rationelleren System zu suchen. Nach vielen Versuchen kam man endlich auf das Princip der Proportionalvertretung. Der erste Antrag (von Barras Barrete) stammt vom Jahre 1864, hatte aber kein Glück bei den Kammern. Dasselbe Schiksal erreichten die Vorschläge Mendes de Almeida (1870) und Alenear

---

[1]) Verfass. art. 14 § 7.
[2]) *Baron d'Ourem*, «Études» S. 256—337.

(1870). Dagegen wurde 1874 der Gesetzentwurf von Correio de Oliveira Gegenstand einer sorgfältigen Prüfung und aus ihm entstand das Gesetz von 20. October 1875. Dasselbe führte das System des vote limité in viele Wahlen für die lokalen Magistraturen ein.

Die praktischen Resultate des Gesetzes hatten aber nicht der Erwartung der Gesetzgeber entsprochen; daher wurde am 9. Januar 1881 ein neues Gesetz publiziert, welches heute noch in Wirkung ist. Nach demselben werden die Mitglieder der Provinziallandtage und die Munizipalräte nach dem System des Quotienten gewählt.

§ 13. Buenos - Ayres.[1]) Im Art. 49 der Verfassung von 1873 ist als Prinzip aufgestellt, dass alle Volkswahlen auf Grund der Proportionalvertretung stattfinden sollen. Das Wahlgesetz von 1876, welches die Details bestimmte, führte das System des Quotienten ein. 1878 wurde ein analoger Antrag von de Arechaga in Uruguay verworfen.

§ 14. Die Kolonien.[2]) — In New-South-Wales (das als parlamentarischer Staat nach dem Muster Englands gebildet ist) wurde 1862 vorgeschlagen für die Wahlen in das Oberhaus das System des Quotienten anzunehmen. Während der Debatten fand ein Ministerwechsel statt, und die ganze Bill wurde zurückgezogen.

In der Kolonie Victoria wurde auch im Jahre 1862 ein Entwurf gemacht die Minoritäten im Parlamente durch das Kumultativsystem zu vertreten, aber ohne Erfolg. Dagegen ist die Minoritätenvertretung eingeführt in der Capkolonie (1853) für Wahlen in die zweite Kammer. Ebenso in der freien Kolonie der Inseln der Bai von Honduras (1856); seit 1861 auch auf der Insel Malta (vote limité).

§ 15. Dies sind in kurzen Zügen die wichtigsten Resultate der neueren Bestrebungen auf dem Gebiete der Wahlfrage. Die Idee ist noch zu neu, ihre Anwendung zu kurz, um uns schon ein entscheidendes Urteil über dieselbe bilden zu können.

---

[1]) de Arechage, «Etudes» S. 475 ff.

[2]) Naville, Wahlreform. Lübeck, in der «Zukunft» 1877, S.1 58, Manuel de la représentation proportionelle.

Doch scheint es uns, dass, was die parlamentarischen Wahlen anbetrifft, die Idee selbst der Proportionalvertretung, nachdem sie in den sechziger Jahren einer grossen Beliebtheit sich zu erfreuen hatte, jetzt allmählich das gewonnene Terrain wieder zu verlieren anfängt. So ist die in England 1867 eingeführte Vertretung der Minoritäten 1885 abgeschaft worden, in Italien verwirft man sie 1891.

Im grossen und ganzen kann die ganze Bewegung als eine höchst rationalistische betrachtet werden. Die Mängel des gegenwärtigen Systems zwingen gewissermassen die Menschen sich nach einem besseren umzusehen; die Spekulation führte zur Proportionalvertretung und sofort lassen sich viele von dieser Idee hinreissen: sie scheint das Ergebnis der absolut - mathematischen Gerechtigkeit zu sein. In den Parlamenten erregt sie anfänglich nur Erstaunen.

Das System scheint in der Theorie gerecht zu sein, aber in der Wirklichkeit unpraktisch; die Argumentation der Gegner des Systems basiert mehr auf Gründen der Zweckmässigkeit; nur wenig Abgeordnete fassen das Prinzip selbst ins Auge, alle haben in der Regel nur die Lokalinteressen ihres Landes im Sinne.

Dies ist wenigstens der Eindruck, den man beim Lesen der parlamentarischen Debatten in den verschiedenen Ländern erhält, von denen wir gesprochen haben. Ueberall dieselben Argumente pro (zum grössten Theil aus dem Werke Hare's stammend), überall dieselben contra, und niemals haben diese letzteren eine wissenschaftliche Begründung. Denselben Erscheinungen begegnen wir wieder in der Litteratur.

Trotzdem die Theorie der Proportionalvertretung viele Gegner hervorgerufen hat, so kritisieren nur wenige von ihnen das System von einem wirklich doktrinären Standpunkte aus, kaum einige neueren Werke wie z. B. die von *Rosin*, *Bernatzik* und *Kern* tragen diesen Charakter. Wir glauben aber nicht, dass ihre Kritik den wunden Punkt der ganzen Theorie getroffen hat und die Folgen gezeigt hat, zu welchen sie führen könnte. Das nächste Kapitel enthält einen Versuch die Grundideen des Systems vom Standpunkt der obersten Prinzipien aus zu erforschen.

VIERTES KAPITEL.
Kritik des Systems.

§ 1. Wenden wir uns jetzt zu den Ideen und den Prinzipien, aus denen sich die behandelten Systeme entwickelt haben. Zuerst die Minoritätenvertretung.

Dies System geht von einem «Rechte» der Minorität zur Vertretung, im Gegensatze zu einem «Rechte» der Majorität aus. Dass diese Ansicht durchaus falsch ist, wird von den Proportionalisten selbst erkannt[1]). Der Begriff der Minorität ist ein relativer Begriff; das Volk besteht ja nicht aus einer Minorität und einer Majorität, noch weniger aus Minoritäten und Majoritäten, sondern aus einzelnen Menschen, deren Gesammtheit repräsentiert sein muss. Von einem besonderen Rechte der Minorität zu sprechen hat gar keinen Sinn.

§ 2. Viel tiefer begründet ist die Theorie der Proportionalvertretung. Ihr Ziel ist dem Volke eine gerechte Vertretung zuzusichern; um dasselbe zu erreichen, bedient sie sich verschiedener Mittel (Wahlquotient, Listenkonkurrenz etc.); darüber verkündet sie ein *neues* Prinzip: dieses Prinzip ist die «Prorata-Vertretung» der politischen Parteien.

«Les assemblées sont pour la nation ce qu'est une carte réduite pour son étendue physique: soit en partie, soit en grand la copie doit toujours avoir les mêmes proportions que l'original»[2]).

Dies — die Devise der Proportionalisten. Die genannte «réduction» kann nichts anderes sein, als die Reduktion der Parteien: die wahre Repräsentation muss eine Parteirepräsentation sein. Man braucht nur die erste beste Broschüre zu öffnen, den ersten Artikel zu lesen um sich davon zu überzeugen. «Wir wollen Parteiwahlen», sagt Dr. *Büchner* in der «Zukunft»[3]). «La représentation proportionnelle peut être définie la répartition de plusieurs sièges entre divers partis proportionnellement à leur importance relative», lesen wir in der erwähnten Schrift von D'Hondt[4]).

---

[1]) Cf. oben, S. 14 ff.
[2]) Mirabeau, Discours I, 31.
[3]) 1877, S. 307.
[4]) Système pratique etc. S. 11. cf. *Manuel* de la représentat. proport. S. 2, *Considérant*, a. a. O.

Also ist es in Wirklichkeit nur eine Parteivertretung, um die es sich hier handelt. Wir werden später sehen, dass es nicht anders sein kann, dass dies das Endresultat einer jeden Proportionalvertretung ist.

Die erste Frage, die sich uns in natürlicher Weise entgegenstellt, ist die Frage, ob eine derartige Vertretung mit der General-Theorie der modernen Wahlen im Einklange steht. Sagen wir sofort, dass es, unserer Ansicht nach, sich nicht so verhält, und beginnen wir mit der juristischen Seite der Frage.

§ 3. 1⁰. Das Grundprinzip der modernen Vertretung ist, dass der Abgeordnete nicht eine gewisse Gruppe von Wählern vertritt, sondern das *ganze* Volk. «Es steht fest, sagt *Eötvös*[1]), dass jeder Vertreter nicht als der Repräsentant seiner Wähler, sondern der des ganzen Volkes zu betrachten ist».

Die natürliche Konsequenz ist, dass der Abgeordnete an Aufträge und Instruktionen nicht gebunden sein kann. Kategorisch wird dies ausgesprochen in den meisten Verfassungen [2]). Dies moderne Prinzip ist ein grosser Fortschritt dem Mittelalter gegenüber: dort waren die Stände als solche vertreten, nicht das Volk als eine Einheit. Das moderne Parlament ist nach vielen harten Kämpfen der Träger des Prinzips der Einheit und der politischen Gleichheit geworden. Es besteht seit 1789 und war das Resultat einiger innigen Empfindung des Volkes, das sich als Einheit fühlte, und seine Geburt datiert von dem Momente an, wo die Deputierten des tiers état erklärten, sie seien die einzigen Vertreter des Volkes, und wo ein Teil des Adels und der Geistlichkeit sich ihnen anschloss, und die États généraux den Namen «Nationalversammlung» annahmen [3]).

Verhält sich die Sache so, kann da ein Abgeordneter eine Par-

---

[1]) Der Einfluss der herrschenden Ideen des XIX. Jahrh. 1851. B. 1, S. 186. Georg *Meyer*, Lehrbuch des deutschen Staatrechts. 1891, S. 273.

[2]) Deutsche Reichsverfassung § 29, Preussische Verfassung § 72, Bairische Verfassung Tit. VII, § 25, Sächs. Verf. § 81, Serbische Verf. § 83, 84 u. s. w.

[3]) *Biedermann*, Les systèmes représentatifs, 1874 S. 49. *L. Stein*, Geschichte der sozialen Bewegungen in Frankreich. B. 1, 1850, S. 55 :
... «die Abgeordneten sich nicht länger als États-généraux, sondern als Vertreter der Nation betrachten.»

tei vertreten? Er soll ein Ganzes repräsentieren, kann er da einen
blossen Teil vertreten [1])? Die Begriffe «Parteien» und «Volk» sind
nicht — wenigstens juristisch gesprochen — identisch. Die Parteien sind nicht organisiert, haben keine juristische Persönlichkeit
und können als solche nicht repräsentiert werden.

§ 4. 2°. Aber, könnte man einwenden, warum erteilt denn
der Staat den Parteien die juristische Persönlichkeit nicht? Ist
das gegenwärtige Prinzip schlecht, warum entledigt man sich seiner nicht? Wesshalb reorganisiert man nicht die Vertretung?
Um diese Fragen zu beantworten, müssen wir uns vorher erst
klar machen, was eine politische Partei ist und was für eine
Rolle sie im Staate spielt. Schon längst ist es in der Litteratur
anerkannt, dass es ganz verschiedene Arten von Parteien giebt.
Schon von *Robert von Mohl*[2]) beobachtet, ist die Unterscheidung
zwischen den einzelnen Arten von Parteien von *Bluntschli*[3]) klar
aufgestellt worden. Dieser letztere kennt bekanntlich sechs Arten
von Parteien; darunter verdiene seiner Ansicht nach eine einzige
die Benennung einer *politischen* Partei.

Wir glauben nicht, dass *Bluntschli's* Klassifikation gänzlich
frei von Fehlern sei: nach unserer Ansicht könnte man sie auf
folgende Weise vereinfachen:

a) Parteien, welche ihr Ideal ausserhalb des Staates in ab-
stracto haben. Für sie ist der Staat nur eine veraltete Form
des Gemeinwesens, ein Uebel, welches zu beseitigen ist, sei es um
etwas anderes positiv festgestelltes an dessen Stelle zu setzen, sei
es, um erst dann, nach Beseitigung des jetzigen Zustandes, nach
einer neuen Form zu suchen. So die Ultramontanen, die Nihilisten etc.

b) Parteien, deren Ideal ausserhalb des Staates in concreto
liegt. So die Nationalisten, Separatisten u. s. w.

c) Politische Parteien in wahrem Sinne des Wortes. Diese
letzteren sind allein ein notwendiges und nützliches Element des
Staates.

[1]) Was *Bluntschli*, Allgemeines Staatsrecht 6. Auflage, S. 56 sagt, ist
widerspruchsvoll. V. ausserdem seine «Politik» S. 499.
[2]) Encyclopädie der Staatswissenschaften. S. 158.
[3]) Politik. S. 510 ff.

Die Anderen sind dem Staate feindselig gesinnt, sei es dem
Staate als Begriff, sei es dem Staate als Thatsache. Ihr Triumph
wäre der Ruin des Staates[1]), sie existieren nur desswegen, weil
sie sich in der Minderheit befinden, — an dem Tage, an welchem
sie hinter sich die Majorität haben werden, wird der Staat zu
existieren aufhören. Es ist also klar, dass der Staat einem solchen Zersetzungselemente eine Vertretung nicht garantieren kann;
das hiesse die Fundamentalpflicht jedes Staates verletzen — die
Pflicht seiner eigenen Erhaltung. Wäre es aber möglich diese
Parteien von der Vertretung auszuschliessen? Das oberste Prinzip
der Proportionalvertretung besteht ja gerade darin, dass die Versammlungen einen genauen Spiegel des ganzen Landes bieten, d.
h. dass *alles* in denselben enthalten sein muss. Die strenge Anwendung dieses Prinzips könnte also verderbliche Folgen für die
Sicherheit des Staates haben.

§ 5. Gehen wir weiter und sehen wir, ob eine billige Vertretung
der wahren politischen Parteien mehr gerechtfertigt erscheint.

Was ist denn das eigentliche Wesen der politischen Parteien?
Wie bilden sie sich? Diese Fragen müssen wir zuerst beantworten.

Die Geschichte zeigt uns, dass überall, wo Staaten existieren
— sich auch politische Parteien bilden. Die antike Welt steht
in diesem Punkte der modernen nicht nach: Rom war der Schau-
platz des Kampfes zwischen den Plebejern und den Patriziern.
zwischen den Proletariern und den Optimaten. In Byzanz gab
es blutige Zusammenstösse um die Macht zwischen den Grünen
und den Blauen. Dasselbe sehen wir im Mittelalter (Welfen und
Ghibelinen); die ganze Geschichte Englands und die der Vereinig-
ten Staaten Nordamerikas ist nur demjenigen verständlich, der
die Geschichte ihrer politischen Parteien kennt.

Diese Thatsache ist leicht erklärlich; sie entspringt unmittelbar aus der Verschiedenartigkeit des Geschmackes, des Charac-
ters, der Gewohnheiten, des Strebens und Ideals der Menschen.
Ebenso wie die Menschen das Gute, Edle und Schöne nicht in
gleicher Weise beurteilen, ebenso stimmen sie in Bezug auf die

---

[1]) S. *Bulmerincq*, Praxis, Theorie und Kodifikation des Völkerrechts,
S. 23 ff.

Aufgabe, das Ziel und die Rolle des Staates im allgemeinen oder in diesem und jenem konkreten Falle nicht überein. Ganz natürlich ist es daher, dass Menschen, die gleichen politischen Ansichten huldigen, sich zusammenthun, einander unterstützen, indem sie ihre Ideen im Leben zu verwirklichen suchen, — mit einem Worte das bilden, was man eine politische Partei nennt. Diese Erscheinung ist so natürlich, dass überall, wo ein Staat vorhanden ist, und wo die Bürger — unmittelbar oder indirekt — an dem politischen Leben des Landes theilnehmen, sich politische Parteien bilden *müssen*. Wir treffen sie überall, und sie fehlen nur in den Staaten, wo wie z. B. in den orientalischen Despotien der Einzelne vollständig unterdrückt und nur als Object der Beherrschung betrachtet wird.

Doch fragen wir nun, worin bestehen, ihrer inneren Natur nach, diese Parteien? Welche social-politische Gesetze regieren sie? Sind sie überall und immer dieselben? Sind sie einer bestimmten Klassifikation unterworfen?

Schon seit langer Zeit haben diese Fragen die Schriftsteller beschäftigt. Schon bei *Machiavelli* in der «Florentinischen Geschichte» finden wir Versuche einer Theorie der politischen Parteien. In dem jetzigen Jahrhundert sind besonders *Stahl, Rohmer, K. Frantz, Wachsmuth, Bluntschli* u. A. ihrer Forschungen wegen auf diesem Gebiete bekannt. Werfen wir nun, bevor wir weitergehen, einen Blick auf zwei der wichtigsten von diesen Lehren.

Nach *Stahls* [1]) Meinung giebt es in jedem Staate nur zwei Parteien, die revolutionäre und die legitime, die Linke und die Rechte. Unterabteilungen kommen nicht in Betracht, sie haben nur eine vorübergehende Bedeutung und können nur eine solche haben. Zur Revolutionspartei gehören alle diejenigen, die das Gesetz und die Autorität von den Menschen herleiten und daher als Verteidiger des menschlichen Ursprungs aller Staatsinstitutionen auftreten. Umgekehrt, gehören zu den Legitimisten alle diejenigen, welche die Existenz eines höheren Prinzips (ausserhalb des Menschen liegendes) anerkennen und daher in der bestehenden

---

[1]) Die Parteien im Staate und Kirche. 1863.

Ordnuug das Produkt und die Verkörperung des göttlichen Willens sehen. Wie leicht ersichtlich, befindet sich diese Theorie im engsten Zusammenhange mit den allgemeinen philosophischen Anschauungen des Berliner Philosophen. Wie *Bluntschli* [1]) richtig bemerkt, ist hier weniger die Rede von dem Gegensatze der verschiedenen politischen Parteien, als vielmehr von dem des göttlichen und menschlichen Rechtes — jus divinum und jus humanum. Indessen hat die Wissenschaft der Politik die Hypothese über das göttliche Recht schon längst bei Seite gelassen; wenn sie für die theologische Dogmatik noch brauchbar ist, so spielt sie in der jetzigen Staats- und Rechtslehre keineswegs mehr eine Rolle. Für den jetzigen Denker ist alles Recht — jus humanum und alle Institutionen — Erzeugnisse des Menschen. Abgesehen davon, kann man nicht umhin zu bemerken, dass *Stahl* den allgemein angenommenen, usuellen Begriff von Revolution und Legitimismus vollständig verschiebt.

Die psychologische Schule erkennt die Existenz von vier Parteien: der konservativen, der liberalen, der absoluten und der radikalen. Diese, von *Rohmer* gegründete und von *Bluntschi* weiter entwickelte Theorie geht von dem Prinzipe aus, dass die politischen Parteien sich zu einander verhalten, wie etwa die verschiedenen Periode oder Altersstufen des menschlichen Lebens. Ebenso wie der Mensch nach einander Kindheit, Jugend, Reife und Alter durchlebt, ebenso besteht der Staat, als lebender Organismus, aus Gruppen, die ihrem Geiste, Streben und Ideal nach dem Charakter des Menschen in seinen verschiedenen Entwickelungsstufen entsprechen. So gleicht der Radikalismus — der Kindheit, er ist kurzsichtig, stürmisch und bereit alles zu zerstören, der Liberalismus entspricht der Jugend, der Zeit des edlen Strebens, der Konservatismus — der Reife, und der Absolutismus endlich — dem Alter. Trifft man dennoch unter den Absolutisten — Jünglinge und unter den Radikalen Greise, so liegt die Erklärung darin, dass es sowohl Menschen giebt, die ihrem Geschmack, Charakter nach lebenlänglich Kinder bleiben,

---

[1]) Politik. loc. cit.

als auch solche, die schon in der Jugend die Bezeichnung von
jugendlicher Greise verdienen. Jedoch bildet dies nur eine Aus-
nahme, die jene Regel noch bekräftigt, dass jedem Lebensalter
seine speciellen Neigungen und sein besonderes Streben eigen sind.
Diese auf einem rein psychologischen Prinzip gegründete Lehre
enthält einen gewissen Teil Wahrheit, aber ist doch zu einseitig,
geht zu weit und ist, wenn man sich so ausdrücken könnte —
zu *theoretisch*. Sie geht von einem rein abstrakten Begriffe des
Staates aus, und, indem sie sich in die Analyse des zur Zeit bestehenden Daseinsbedingungen des Staates im Allgemeinen und
der politischen Parteien im speziellen, wenig vertieft, lässt sie
die lebendige Wirklichkeit ausser Acht. Ohne Zweifel giebt es
in jedem Staate eine gewisse Anzahl Bürger, welche die bestehenden Ordnungen zu erhalten suchen, von ihnen vollkommen
befriedigt sind und daher keinerlei Veränderung wünschen,
— das sind die Konservativen. In jedem Staate giebt es aber
auch eine andere Gruppe Bürger, die dursten nach Fortschritt
und Fortentwickelung, nach Veränderung der herschenden Ordnungen streben — das sind die Liberalen und zum Teil die Radikalen. Kann man aber sagen, dass mit diesen zwei, drei Gruppen alles erschöpft ist, dass es keine anderen Parteien giebt
und geben kann? Wir denken es nicht. Werfen wir nur einen
Blick auf die grossen gesetzgebenden Körper Europas — z. B.
auf den deutschen Reichstag, auf die französische Deputierten-
kammer u. s. w. — kann man wohl sagen, dass die hier vertre-
tenen Parteien in die von *Rohmer*, *Bluntschli* u. a. erfundenen
ewigen und unwandelbaren Schablonen hineinpassen? Zu welcher
Kategorie gehören z. B. die Antisemiten? zu den Liberalen? zu
den Konservativen? Offenbar weder zu den einen, noch zu den
andern, sie bilden eine besondere Gruppe, die ihr eignes, konkretes Ziel verfolgt. Abgesehen von diesem Ziele, braucht nichts
anderes die Glieder dieser Partei zu verbinden, was die anderen
Fragen anbetrifft, brauchen sie nicht übereinstimmen — ja können sogar als Gegner einander gegenüber stehen, so z. B. in
Bezug auf die allgemeine Wehrpflicht, diese oder jene Steuer u.
s. w.; trotzdem bilden sie eine Partei und zwar eine solche, der
Rechnung getragen werden muss. Dieses Beispiel zeigt uns klar,

dass die Existenz solcher politischen Parteien, die als Ziel kein allgemeines politisches System verfolgen. leicht möglich ist ; sie gehen garnicht darauf aus, der Staatsthätigkeit diese oder jene principielle Richtung zu verleihen, sondern wollen eher ein konkretes, strengbegrenztes Ziel erreichen; nach Erlangung dieses Zieles zerfällt oft eine solche Partei, — ihre Existenz verliert so zu sagen ihren Lebenszweck.[1])

§ 6. Solche Parteien sind bisher in der Fachlitteratur vollständig ignoriert worden. Vielmehr wenden die Schriftsteller ihre Aufmerksamkeit den grossen in der Geschichte bekannten Parteien, wie z. B. die whigs und tories u. s. w. zu, und haben ihre Blicke bisher mehr auf die Vergangenheit als auf die Gegenwart gerichtet. Indessen sind alle diese Lehren für die Jetztzeit und für den Staat des XIX-ten Jahrhunderts vollständig unzureichend, denn ebenso wie sich die Thätigkeit des Menschen durch die stufenweise Entwickelung der Kunst und Wissenschaft nach und nach erweitert, ebenso erweitert sich auch die Rolle des Staates: seine Thätigkeit gewinnt an Umfang und Tiefe, seine Funktionen vergrössern sich, und die von ihm verfolgten Ziele werden mannigfaltiger. Wer hätte wohl im Mittelalter an eine Polizei der Eisenbahnen, an eine internationale Verwaltung und tausend andere neue Funktionen des modernen Staates denken können? Gerade in dieser vergrösserten Thätigkeit des Staates, in Verbindung mit der erweiterten Thätigkeit des Menschen, sehen wir das charakteristischeste Merkmal der Neuzeit.

Die Verschiedenheit der verfolgten Ziele hat aber zur unmittelbaren Folge, dass auf die Gesammtheit derselben, sich die Aufmerksamkeit der Bürger nicht vollständig konzentrieren kann. Die Fragen der praktischen Politik sind heutzutage viel zu zahlreich und kompliciert, damit ein jeder ihnen seine volle Aufmerksamkeit zuwenden könne; seiner Beschäftigung, seiner Lebensart u. s. w. gemäss wird jeder einzelne es mit diesem oder jenem Zweige der staatlichen Thätigkeit zu thun haben; selbstverständlich wird er doch nur von solchen Dingen sich eine Anschauung bilden, die er selbst versteht und kennt, und darum ist es auch erklär-

---

[1]) So war es z. B. mit den Parteien der Hörner und der Klauen in Schwytz. Cnf. *Bluntschli*, loc. cit.

lich, warum in der Jetztzeit eine so grosse Anzahl politischer
Parteien mit so begrenzten, streng bestimmten Zielen existieren.
Der politische Himmel ist heutzutage viel zu weit, um mit einem
Blick umfasst zu werden, man muss sich daher nur mit einigen
seiner Teile begnügen, und steht die Sache so, so ist die Zugehörigkeit eines und desselben Menschen zu verschiedenen Parteien
nicht nur möglich, sondern unvermeidlich. Ich kann ja vortreff-
lich zu derselben Zeit ein eifriger Parteigänger des Dreibundes,
und dabei Antisemit sein. Was sollte mich, den Agrarier, zu-
rückhalten für die Vertreibung der Jesuiten kämpfen? Diese
Fragen haben ja untereinander keinerlei Verbindung — als Antisemit bin ich z. B. garnicht verpflichtet, dem franko-russischen
Bündnisse als Anhänger gegenüber zu stehen — oder die Ver-
staatlichung des Erdinnern zu bekämpfen u. degl. Gerade in dieser Möglichkeit verschiedenen Parteien zu gehören ersehen-wir
den Haupteinwand gegen das System der Proportional-oder
Parteiwahlen. Wenn jede Partei anerkannt würde und als solche das Recht der Repraesentation erhielte, was würde dabei
herauskommen? nichts anderes, als dass die Majorität der Bürger
mehrere Mal ihre Stimme abgeben würde, einmal als Mitglied der
Partei *A*, das zweitemal als Mitglied der Partei *B*, u. s. w.
Indessen wird die Zugehörigkeit zu dieser oder jener Anzahl
Parteien immer die Sache des Zufalls sein, und einer Persönlichkeit mehr Rechte zu gewähren, weil sie zu einer grösseren Anzahl Parteien gehört, ist mindestens ungerecht und unzweckmässig.
Primus hat als Agrarier und Antisemit zwei Stimmen, Secundus als
Sozial-Demokrat nur eine — warum soll Primus diesen Vorzug,
den er durch nichts verdient hat, geniessen? Diesem Mangel bei
den Wahlen abzuhelfen, giebt es keine Möglichkeit, und wie wir
auch handeln mögen, das Prinzip der Gleichberechtigung aller im
Staate wird an seiner Wurzel selbst angegriffen.

§ 7. Und weiter noch. Die Einführung der Proportionalvertretung hätte unserer Ansicht nach eine verderbliche Wirkung
für die Parteien selbst. In der That, sobald die Parteien wüss-
ten, dass sie auf alle Fälle vertreten werden müssen, würde der
Kampf um die Majorität allerdings aufhören. Aber dann werden
sich die Meinungsverschiedenheiten mehr und mehr äussern.

Eine Partei ist keine absolute Einheit; ihre Mitglieder sind immer mehr oder weniger über Detailfragen uneinig. Was sie zusammenhält, was sie in eine compakte Masse gruppiert, das ist gerade die Hoffnung, die Majorität zu erlangen, den Sieg in der Wahlschlacht davon zu tragen: die persönlichen Meinungsverschiedenheiten, die Fraktionen vereinigen sich zu einem grossen Ganzen, welches allein einige Hoffnung auf den Sieg hat. Am Tage, wo der Sieg von vornherein gesichert ist, werden die Eintrachtselemente verschwinden, dagegen die Zwietrachtselemente eine noch ungeahnte Kraft erreichen. In einem Worte die Parteien werden sich ad infinitum zersplittern.

Dies ist wohl, scheint uns der Sinn der Antwort, welche *Richard Cobden* denjenigen' gab, die ihn baten, *Hare's* System unter seinen Schutz zu nehmen: „durch die Annahme einer derartigen Bitte würde ich das politische Leben meines Vaterlandes zerstören. Die Rolle der politischen Minoritäten besteht darin, zu kämpfen um Majoritäten zu werden, und wenn man ihnen Rechte gäbe, ohne sie zur Geltendmachung derselben durch ihren Eifer zu zwingen, würde das politische Leben nicht mehr existieren [1]).

Eine andere unvermeidbare — verderbliche — Folge des Systems wäre, dass die politischen Uneinigkeiten der Parteien in die Parlamente hinübergetragen würden. Denn das Parlament besteht aus Abgeordneten, welche die Meinung des Volkes vertreten sollen, zu gleicher Zeit soll auch das Parlament *handeln*; es ist keine Akademie, sondern ein Organ. Daraus folgt notwendig, dass es eine Majorität besitzen muss, kompakt genug, um wenigstens für eine gewisse Zeit für das Wirken der Regierung Gewähr zu leisten. Gerade einer der hauptsächlichsten Mängel der heutigen parlamentarischen Organisation ist die zu grosse Anzahl von Parteien, welche in den Kammern vertreten sind, und dass keine von ihnen eine überwiegende Majorität besitzt. [2])

---

[1]) Citiert in den „Etudes" S. 409.

[2]) Das ist kein rein theoretisches Argument, die letzte Session des Genfer Staatsrats, nach dem System der Listenkonkurrenz gewählt, hat bewiesen, dass die Proportionalvertretung die Parteizwietracht in die Wahlkörper hinübertragen kann. S. „Gazette de Lausanne" 1. Juli 1893.

Daher ist auch die Regierung oft gezwungen, den Schwanken der Majorität zu folgen, sich, um einen Ausdruck des Grafen Taaffe zu gebrauchen, «durchzufretten,» und infolge dessen beständig die Politik zu wechseln.

Um eine feste und dauerhafte Politik zu sichern, muss die Regierung sich einer starken Majorität anschliessen können.

Daher haben auch die Amerikaner, das wahre praktische Volk, die Stärke der Majorität auf küustliche Art zu erhöhen gesucht.[1]) Gern geben wir zu, dass das Prinzip der Entscheidung ihrem Wesen nach etwas ganz anders ist, als das Prinzip der Vertretung;[2]) aber in unserem Falle sind beide Prinzipien mit einander verbunden. Das Parlament vertritt, aber es entscheidet vor Allem. Herrscht keiue genaue, bestimmte Richtung, so wird man doch nur zu Kompromissen seine Zuflucht nehmen müssen.

§ 8. Aber, wird man sagen, warum die Proportionalvertretung mit Parteienvertretung identifizieren?

Das neue System hat es blos mit Wählergruppen und nicht mit Parteien zu thun. Dies ist der Standpunkt, auf welchem steht ein Schriftsteller, welcher genau die relative Proportionalität (Vertretung der Parteien) von der absoluten Proportionalität unterscheidet (Vertretung der Gesammtheit der Wähler[3]). Dieselben Ideen werden allerdings weniger consequent von einigen Proportionalisten verfochten.[4])

Der Zweck des Systems sei, dem Lande eine genaue Vertretung zu geben in dem Sinne, dass jede Gruppe von Wählerh darin billig ihre Stelle habe, die Volksversammlungen wären dann

---

[1]) *S. Tocqueville*, De la démocratie en Amérique (1835) B. II. S. 156.

[2]) Dieser Unterschied fast bei allen Proportionalisten. Vgl. „Etudes" S. 16, *Aubry — Vitet*, a. a. O. S. 377 ff

[3]) *Kern*. Ueber die Äusserung des Volkswillens in der Demokratie, 1893. S. 75 ff.

[4]) *Naville*, „Rapport" pro 1889: „qu'on cesse de confondre les partis politiques et les groupes électoraux etc."

Hagenbach — Bischof, die Anwendung der Prop.-Vert. u. s. w. 1892. 2, S. 5 „Der Grundsatz der Proportionalität verlangt, dass in jeder frei zusammentretenden Gruppe die gleiche Zahl von Wählern zu je einem Vertreter berechtigt ist. Tessiner Gesetz v. 22. Mai 1892 § 2: „Ogni gruppo di elettori ha diritto di essere rappresentato nella Municipalità etc."

die «Photographie» des Landes. Wir geben gern zu, dass das Parlament mehr oder weniger alle Iuteressen des Landes wiederspiegeln soll; kaum wird aber jemals die Proportionalvertretung diesen Zweck erfüllen.

In der That verlangt das System immer einen gewissen Eliminationsquotienten; alle Versuche von D'Hondt n. a. haben zum Zwecke nichts anderes als die kleinste Gruppe zu finden, die Monade, welche auf eine Vertretung das Recht hat. Es wird also immer eine gewisse Anzahl Meinungen unvertreten bleiben müssen, und die «Photographie» wird kaum ohne weisse Flecken herzustellen sein, — zweitens. was sind das für Gruppen von Wählern, die so sehr von den Parteien und ihren Fraktionen sich unterscheiden? Das wären, sagt man auch, Gruppen, die eine Ansicht vertreten.

Es ist klar, dass es sich hier nur um politische Ansichten handeln kann; nun bilden aber die Menschen, welche derselben politischen Ansicht huldigen, doch nichts anderes als eine politische Partei. Warum stimmt man für diesen oder jenen Kandidaten? Doch nur weil man weiss, dass er am besten die Interessen seiner Wähler vertreten wird, weil man glaubt, dass er für die betreffende sociale Klasse kämpfen wird, dass er den gegenwärtigen Zustand unterstützen wird, wenn seine Wähler zu denen gehören, welche die Herrschaft inne haben, dass er dagegen sich anstrengen wird, diese Macht seinen Wählern zu verschaffen, wenn dieselben eben die beherrschten sind. Jedes Votum ist ein Parteivotum; alle sog. Gruppen sind nichts und können nichts Anderes sein, als politische Parteien. Das Gegenteil behaupten, hiesse den Wahlmechanismus und das Parteiwesen im Staate gänzlich erkennen.

Einen letzten Einwand wollen wir noch erwähnen: das System muss jedesmal dort dem System des absoluten Mehres weichen, wo nur *ein* Deputierter gewählt wird. Es wäre also zum mindesten schlechte Politik, wenn man so zwei entgegengesetzte Prinzipien in die Gesetzgebung einführen wollte; denn daraus würde doch immer ein Bruch der Einheit des staatlichen Organismus entstehen.

Schlussbetrachtungen.

Wir haben also die Fehler und Mängel des Systems der Proportionalvertretung betrachtet. Wir haben dasselbe verworfen, weil es eine Parteien - Vertretung ist, und nichts anderes sein kann. Aber daraus folgt durchaus nicht, dass das jetzige Wahlsystem ein Ideal ist; weit entfernt davon, seine Fehler sind leider nicht eingebildeter, sondern ganz positiver Natur. Das grösste Verdienst, welches die Proportionalisten der Wissenschaft geleistet haben, ist, dass sie die Mängel derselben scharf hervorgehoben haben. Wir glauben nicht zu irren, wenn wir sagen, dass das heutige System aus einer mechanischen Weltanschauung herausfliesst. Der Proportionalismus ist eine Reaktion, aber eine zu weit gehende Reaktion. Wir sind fest überzeugt, dass nicht darin das Heil liegt: der dahinführende Weg ist noch nicht gefunden; wie und wann es geschehen wird — kann man noch nicht sagen; übrigens haben wir keinen allzugrossen Glauben an diese Mittel, welche alle Uebel heilen; wir würden uns eher für ein Reformsystem aussprechen, welches die Grundlagen der Vertretung *umänderte*. Vielleicht würden das Referendum, die Pressfreiheit, die Petitionsfreiheit in hervorragender Weise die Garantien für die Minoritäten bekräftigen. Zum Schluss dieser Schrift wollen wir jedoch erwähnen, in welchen Fällen die Proportionalvertretung mit gewisser Berechtigung angewandt werden könnte: Dort, wo die Vertretung als solche im Spiele ist, und wo die Beschlussfassung nur eine untergeordnete Bedeutung hat, wie z. B. die im Schoose der Versammlungen gewählten Kommissionen zur Beratung einer bestimmten Frage, denn hier kommt es nur darauf an, dass alle Meinungen vertreten sind.

—➔◆◆➔—